U0572610

本丛书得到何东先生独资赞助

This series of books is financially supported exclusively
by Mr. Eric Hotung.

20世纪中国文物考古发现与研究丛书

曾侯乙墓

谭维四 / 著

文物出版社

《20世纪中国文物考古发现与研究丛书》编辑委员会

学术顾问　　启　功　宿　白　朱家溍
　　　　　　傅熹年　李学勤　李伯谦

主　　编　　张文彬
执行主编　　朱启新

编辑办公室　　刘曙光　宋新潮　王立梅　周　成

一　曾侯乙墓墓主外棺

二　曾侯乙墓墓主内棺

三　曾侯乙墓编钟出土时的原状　　　　四　楚惠王赠给曾侯乙的青铜镈钟

五　曾侯乙墓编钟原件组装后的英姿（郝勤俭摄）

六　青铜鉴缶

七　青铜尊盘

八　彩绘髹漆
　木雕盖豆

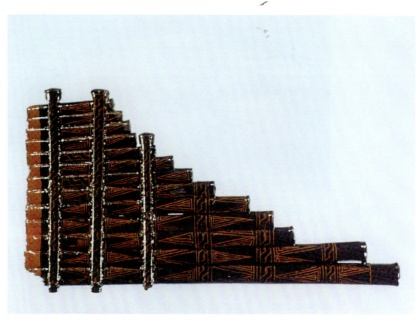

九　彩绘髹漆竹排箫

一〇　彩绘髹漆二十八宿天文图木箱

20世纪中国文物考古发现与研究丛书

序 / 张文彬

　　俗称"锄头考古学"的田野考古学的诞生以及中国考古学学科体系的基本完善，由此而引起的古物鉴玩观赏著录向科学的文物学的转变，是20世纪中国学术与文化界的大事。它从材料与方法两个方面彻底刷新了持续了数千年之久的中国古代史学传统，不但为中国学术界和文化界开拓出更加广阔的研究天地，也为一切关心中华民族悠久历史和灿烂文明的人们不断地提供了可贵的精神滋养和力量源泉。

　　仰古、述古、探古，进而考古，向来为我国传统文化中一个明显的学术特点。先秦时期诸子百家发其端，汉代司马迁撰写《史记》，北魏郦道元作注《水经》。他们对相关的遗迹遗物，尽可能地做到亲自考察和调查，既能辨史又可补史。这种寻根追源的治学态度，为后世学术上的探古、考古树立了榜样。此后，山河间的访古和书斋式的究古相继开展，特别是对古器物的研究，成了唐、宋时期的文化时尚。不少学者热衷于青铜铭文、碑刻、陶文、印章等古文字的考释，进而有了对器物的辨伪鉴定、时代判断、分类命名等，逐渐兴起了一门新的学问——金石学，涌现出许多著名的古器物鉴赏家和收藏家。只是囿于当时的历史条件，金石学家们无法了解所见文物的出土地点和情况，也难以涉及史前时代漫长的演进历程，因而长期以来始终脱离不了考证文字和证经补史的窠臼。即使如此，他们的艰辛努力和取得的成绩，还是为推动我国传统文化的发展起到了积极作用，并且在事实上也为中国考古学和中国文物学的起步铺设了最早的一段道路。

20 世纪初，近代考古学由西方传入。中国学者继承金石学的研究成果，学习并运用西方考古学方法，开始从事田野考古，通过历史物质文化遗存，探寻和认识古代社会，揭示人类社会发展规律。早在 1926 年，中国学者就自行主持山西南部汾河流域的调查和夏县西阴村史前遗址的发掘。随后，我国学者同美国研究机构合作，有计划地发掘周口店遗址，发现了北京猿人。从 1928 年起至 1937 年，连续十五次发掘安阳殷墟遗址，取得了较大收获，引起了国内外学术界的重视。自 20 世纪 50 年代以后，随着国家大规模经济建设的进行，田野考古勘探、调查和科学发掘工作在全国范围内蓬勃有序地开展，许多重要的典型遗址和墓地被揭露出来，重大发现举世瞩目。它们脉络清晰，层位分明，文化相连，不仅弥补了某些地域上的空白，而且衔接了年代上的缺环，为研究中国古代史、文化史、科学史以及其他学科领域，提供了珍贵、丰富的实物资料，极大地影响着人文社会科学诸多学科专业的研究与发展。这段时间被学术界称为中国考古学的黄金时代。在马列主义理论指导下，具有中国特色的考古学理论体系和方法论逐渐形成。有关研究成果不仅极大地改变和丰富了人们对中国文明起源、中国古史发展等重大问题的认识，同时也扩展了中国文物的研究领域和研究方式。可以说，考古学的发展与进步，直接影响到文物学的形成与发展，而且影响到全社会对文化遗产重要作用的认识以及世界学术界对中国古代文明的重新认识。

从20世纪80年代开始，文物界就中国文物学的创立，逐渐取得共识，在共同探讨的基础上，初步形成了学科体系。不少学者发表了有关论文，出版了专著，就文物的历史价值、科学价值、艺术价值以及在社会主义的物质文明与精神文明建设中如何对文物进行有效保护、合理利用发表意见。这些研究成果已获得学术界的赞同。

在这世纪之交和千年更替之际，对中国考古学和中国文物事业作一次世纪性的回顾和反思，给予科学的总结，是许多学者正在思考和研究的问题。如果能通过梳理20世纪以来重大发现和研究成果，透视学科自身成长的历程，从而展望未来发展的方向，以激励后来者继续攀登科学高峰，无疑是一件很有意义的事。为此，经过酝酿、商讨和广泛征求意见，我们约请一批学者（其中有相当多的中青年学者）就自己的专长选择一个专题，独立成篇，由文物出版社编辑出版一套《20世纪中国文物考古发现与研究丛书》，并以此作为向新世纪的献礼。

从某种意义上说，《20世纪中国文物考古发现与研究丛书》是一套学科发展史和学术研究史丛书。其内容包括对20世纪考古与文物工作概况的综合阐述；对一些重要的考古学文化和古代区域文化研究情况的叙述；对文物考古的专题研究；对重要的文物考古发现、发掘及研究的个例纪实。

此套丛书的内容面广，而且彼此关联。考虑到各选题在某些内容上难免会有重叠或复述，因此在编撰之初，我们要求各选题之间互有侧重，彼此补充，以期为读者了解 20 世纪中国考古学和文物学的发展提供更多的视角。

我国的文物与考古工作，虽在 20 世纪得到了迅速发展，但仍有许多重大学术问题需要进一步探索。我们主持编辑这套丛书，除了强调材料真实，考释有据，写作态度严谨求实外，也不回避以往在工作或研究上曾经产生的纰漏差错和不足之处，以便为今后的工作和研究提供借鉴。虽然我们尽了很大努力，但限于水平，各篇仍很难整齐划一。由于组稿和作者方面的困难和变化，一些计划之中的题目也未能成书。这些不周之处，敬请专家、学者和广大读者批评指正。

在丛书编印过程中，我们得到了文物、考古界的广泛支持。何东先生在出版经费上给予了热情帮助。在此，一并深表感谢。

2000 年 6 月于北京

目　录

插 图 目 录

前言

20世纪70年代末，中国进入了一个大变革的时代。1978年，我国文物考古工作者在湖北省随县（今随州市）进行了一项大规模的考古发掘工作。随县擂鼓墩一号墓（即曾侯乙墓）的发现与发掘，受到国内外学术界的广泛关注，被誉为20世纪中国重大的考古发现之一。曾侯乙墓的珍贵价值如下：

其一，此墓规模庞大，形制特殊。坑口呈不规则多边形，东西长21米，南北宽16.5米，面积220平方米，埋深13米以上。坑内构建巨型木椁，东西长19.7米，南北宽15.72米，总面积略小于墓坑，使用成材木料达378.63立方米。该墓形制在此以前是极为少见的。

其二，出土文物精美众多，总数达一万五千余件。其种类繁多，礼器、乐器、兵器、车马器、日用器具、丧葬用品、工艺装饰品，应有尽有。各类器物设计之巧，制作之精，令人叫绝。有不少在国内甚至在世界上都是首次见到。经国家文物局专家组鉴定确认的国家一级文物就有一百四十三件（套），其中国宝级九件（套）。一个墓内出土国家一级和国宝级文物如此之多，在湖北是第一次，在全国也属罕见。

其三，文物保存良好，田野考古资料记录得基本齐全。此墓填土中虽有一个盗洞，木椁盖板也被凿了一个洞，但椁室内未遭盗扰，随葬器物基本保持了下葬时的原状。虽然因墓坑常年积水，有机质类文物如丝绸织品等已遭腐朽，但其它文物得到了很好的保存。发掘以前，因基建施工，原始地貌遭到了破坏，损失了一些应该记录的资料，但因抢救及时，发掘过程中又得到解放军的大力支援，采用了诸如直升机航摄、机械化施工等现代化技术手段，加上发掘方案周全，精心准备，精心施工，工作人员一丝不苟，从整体而言，考古资料记录得基本齐全。这就为进一步的深入研究，提供了可靠而翔实的资料。

其四，墓主身份等级高，下葬年代确切。此墓出土文字资料多，确知墓主为曾侯乙，是一个诸侯国的国君，身份高贵。其下葬年代在公元前 433 年或稍晚。

其五，地理位置重要。此墓恰好位于荆楚大地通向中原大地的随枣走廊。它是长江文化与黄河文化、南方荆楚文化与中原华夏文化交流与荟萃之区。其文化内涵有着鲜明的时代特征与地域特色，为科学研究提供了许多珍贵的资料。

以上各点，引起了国内外学术界的浓厚兴趣。二十多年来，学者对曾侯乙墓开展了多学科的深入研究，成就显著，硕果累累。这在很大程度上改变了人们对公元前 5 世纪时中国历史、文化、科学、艺术等的认识。

本书遵照《20 世纪中国文物考古发现与研究丛书》编委会提出的统一要求，对曾侯乙墓的发现、发掘、研究成果及有待探索的重要课题作了深入浅出的介绍与探讨，希望能对这一重大考古发现的学术研究历程进行恰如其分的总结。限于篇幅与笔者的水平，挂一漏万在所难免，尚祈赐教。

一

墓葬的发现与发掘

（一）墓葬的发现

1. 施工炸石中发现古墓

1977年9月，中国人民解放军武汉军区空军雷达修理所在驻地湖北省随县城郊公社团结大队境内的东团坡扩建厂房。在平整土地对红色砂岩山岗实施爆破时，突然出现一大片褐色泥土。主管基建施工的副所长王家贵心生疑惑，他联想到不久前曾在这里放映过的几部电影纪录片《中国猿人》、《考古新收获——长沙马王堆西汉墓的发掘》和《西汉古尸研究》，琢磨着这褐土下面说不定有一个古墓。他及时向所长郑国贤汇报，请他来现场研究。

事也凑巧，郑国贤这位年轻军官，也是一位文物爱好者，业余时间还常读一些历史书籍，曾经看过《考古》、《文物》杂志。听了老王的汇报，当即约政委李长信、副政委张进才、副所长解德敏、负责施工技术管理的工程师刘秀明一道来现场考察。他们你一言，我一语，作了种种猜测，得不出一个结论，遂决定向县文化馆报告。先是由郑所长给县文化馆打电话，请求派人来勘探认定，未能引起重视。爆破施工继续进行。10月底的一天，一位民工在转运炸碎了的岩石和挖松了的泥土时，在这大片褐土旁拣到了几块旧铜片。他拿到县废品收购站卖了，换回几包烟分给大家抽。王家贵很是生气，立即责令他们去追回，后又亲自到废品站查问，未能如愿。他警觉到今后还可能有文物被发现，得抓住这件事向民工进行政策教育。他召开全体民工紧急会议，当众宣布："今后凡挖到旧铜、铁或陶瓷器都要上交所里。这些都是文物，属国家所有，私人拿走就是犯法。"没过几天，在这大片褐土外东南方不远，又挖出了几件旧铜器。王家贵喜出望外，将其小心收拣起来，同时又约李长信、郑国贤、解德敏、刘秀明等来查看现场。他们从仅有的几本文物、考古杂志中对照着认出一件是铜鼎、一件是车軎，推测可能是春秋、战国时代的重要文物。经过现场讨论后决定：一、文物暂由所办公室妥为保管，以备日后上交国家；二、由王所长速去县文化馆报告，请他们派人来勘查认定；三、责成刘秀明工程师在今后施工中严加注意，如有新的情况立即报告，严防文物受损。

11 月 26 日，王家贵来到随县文化馆报告情况，请求派人前往勘查。可惜，当时县里还没有专门的文物机构和专职文物干部，于是只派了一位工作人员随王家贵到达现场。此人是学音乐的，完全不懂文物考古，看了那几件铜器，又看了现场，对王家贵提出的问题轻率地说："这大片褐土上未见坟包、墓碑、墓门，不会是古墓。你们继续放炮施工吧！没关系。"

平整土地、打眼放炮的施工仍在继续进行。红砂岩山岗上的大片褐土成了郑国贤、王家贵心中的"难解之谜"，对文化馆那位同志的表态他们也深感疑惑，因而加强对施工现场的监管。不几天，在褐土层中出现了一些黏性很大的泥土，初见时呈青灰色，太阳一晒又呈白灰色。郑、王两位觉得这跟马王堆汉墓发掘简报及《考古新收获》等影片里放映的那种白膏泥很相似，推测这里必有一座古墓。军人的责任心和个人的好奇心驱使他们再次去县里报告。

1978年1月30日，王家贵第二次来到县文化馆，详细汇报了施工中发现的新情况，再次阐明了他们认为有古墓的种种根据，请求派人前往研究确认，以免在施工中造成文物古迹的破坏。县文化馆同意了他们的请求，又派了一位工作人员随王所长来到东团坡。很遗憾，和上次来的同志一样，这位同志在听了情况介绍，看了收集到的那几件铜器和现场后说："铜器是大片褐土外出土的，褐土层中没有发现文物，不会是古墓。你们只管放炮施工，没关系。"

两次报告，均遭否定。郑国贤、王家贵心中的"褐土之谜"未能解除，"疑为古墓"的痴心却有增无减。他们在加强严密监视的同时，又到附近居民中作调查，了解这一带的历史情况。为保证真有古墓时不使文物受损，王家贵、刘秀明对放炮施工的具体操作做了必要的限制：打眼，一个孔深不得超过60厘米；装药量，一次不得超过200克。

功夫不负有心人。2月21日，施工人员在推去炸松了的红色砂岩和挖松了的褐色泥土时，在褐土层中发现了一层放置较有规律的大石板。郑国贤、王家贵仔细研究后，认定这是人工铺砌而成，下面应是古墓。他们当即向上级机关武汉空军后勤部报告，请求批准暂时停工，待查明情况后再作决断。同时，王副所长第三次去县里，找县文教局，请他们派专家来勘查确认。

1978年2月26日，王家贵第三次去县里报告时，受到县文教局王君惠局长的重视。他派受过考古短期培训的县文化馆副馆长王世振立即去现场勘查。王世振听了情况介绍，看了收存的几件铜器，又仔细查看了现场，当即表示："据我判断，这是一个古墓。因为有墓边，有填土，填土经过夯打。"同时，他也声明："这么大的墓，我从未见过，且形制特殊，呈多边形，与常见的长方形、刀把形、亚字形不一样……我马上向襄阳地区文博馆报告，请他们派人来确认。"与此同时，郑所长向上级的请示，也得到了武汉军区空军后勤部刘梦池副部长的批准，决定暂时停工，并指示他们直接向襄阳地委和行署报告。襄阳地委、行署及其所属文化局、文博馆十分重视，立即派地区文博馆负责人王少泉、襄樊市文化馆文物干部刘柄于3月5日赶到随县。他们经过两天的现场踏勘，确认是古墓无疑。3月10日，王少泉在向地委宣传部、地区文化局作了汇报后来到武昌，省博物馆副馆长龚凤亭、时任文物考古队队长的笔者听取了王少泉的详细汇报，认定这是一项重要发现。当即商定：王少泉速回随县请部队立即全面停工，保护现场；省里尽快调集技术人员前往进行全面钻探，查明准确情况，采取有效措施，抢救保护祖国文物。

2. 一座大型岩坑竖穴木椁墓被确认

1978年3月19日，时任湖北省博物馆副馆长兼文物考古队队长的笔者率考古勘探技术人员王正明、陈锡岭到达随县，会同襄阳地区文博馆王少泉及钻探技工李祖才、曾宪敏，襄樊市文化馆刘柄，随县文化馆王世振，组成省、地、县联合勘探小组。我们在东团坡雷达修理所指战员的积极配合与热情支持下，夜以继日地精心钻探，用了三天的时间，探明了此墓的基本情况，确认这是一座巨型的岩坑竖穴木椁墓。此墓葬是先在红砂岩山岗上凿竖穴以为墓圹，圹底置巨型木质棺椁，然后回填土石。由于爆破和推土机施工的影响，古墓地面原状及坑口已遭破坏。当时残存坑口呈不规则多边形(图一)，面积约有

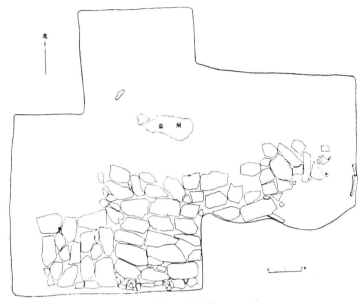

图一 曾侯乙墓墓坑平面图

200平方米左右，规模之大前所未见。坑壁和坑内填土绝大部分已被平掉，仅东南角因有一旧水塔压着，尚可见到很小一块原有地表及其下面的地层情况（图二）。用探铲取出少量木椁盖板对表层纹理进行分析：墓坑西部木椁盖板是东西向横铺的，东部则是南北向纵铺的，面积与墓口相近而略小。坑内所剩填土，最浅处距盖板只有80～90厘米。爆破施工炮眼的底部，距盖板最近的也只有70～80厘米。好险呐！要不是立即停工，再往下打眼放炮，后果不堪设想！

墓坑中部偏北处的填土中有一个盗洞。它往东斜向直插椁顶，将60厘米宽的盖板斩断了长约80厘米的一截，使这块盖板的东段下塌，填土也下泻到椁室形成一堆淤泥。室内满是积水。土层中的石板亦有四块同时下塌：一块较小的落于淤泥

图二　曾侯乙墓发掘前的墓坑东南角（旧水塔压在坑
口，下面尚可见到残存的坑壁、填土与石板）

上，三块大的落在洞口侧旁的盖板上。木椁已经受到盗
扰。

综观勘探所知，此墓要想原地原状保存已是不可能了。因
墓葬规模庞大，盗洞口很小，椁内肯定还留有大量珍贵文物。
为抢救这些文化遗产，只能全面清理发掘。联合勘探小组一致
认为，应该尽快上报国家文物主管部门，申请进行发掘。

按照我国田野考古工作的规程，对已发现和要发掘的古
墓，首先应该给以田野考古编号。一般的办法，原已有名称或
史籍有记载的，依本名编序号；原本无名称又无史籍可考者，
先冠以所在地地名，再依发现或发掘先后编序号。此墓史籍未
载，口碑无名，只有以地名来编号。这里是雷达修理所的军事
营地，当年的番号为数码代号，以其冠名显然是不合适的。墓
地的行政隶属关系为随县城关镇城郊人民公社团结大队，但这
些社、队的名称变化无常，地图上也无记载，以其冠名今后实

难查找。小山岗当地人称"东团坡"。这是因为此山包在一条小沟的东边，西边还有一个小山包人称"西团坡"。连当地人也不知道它们的称谓，且两个山包正在平整，小山沟快填平了，将来在地图或史籍上均无从查找。显然以东团坡来冠名也是不合适的。经过到群众中调查走访和巡视四周的自然环境，两个山包西面不远处，有一个高出丘陵地面约20～30米的大土墩，人称"擂鼓墩"。相传，春秋时楚庄王为平息宰相斗越椒叛乱，曾在此筑墩擂鼓助战。这段神奇的传说，流传甚广，当地老百姓尽人皆知。历代县志对"擂鼓墩"均有记载，当今地图上也有其名，查找极为方便。于是决定用"擂鼓墩"来为此墓冠名。其编号为随县擂鼓墩一号墓，简称随·擂·M1。

由笔者执笔，用省、地、县联合勘探小组署名，题为《湖北随县城郊擂鼓墩一号大型古墓的发现与勘探简报》的报告连夜写成。《简报》在简述了墓葬发现经过、地理位置、墓坑构筑与规模、目前保存状况后，对此墓的时代、重要意义和处理意见也作了详细的论述。《简报》指出：

"从墓葬的构筑方法（竖穴、木椁、积炭、填白膏泥、夯筑五花土等）与江陵、云梦、光化、宜昌等地战国、秦汉墓葬基本相同，填土中没有发现晚于西汉的遗物，加上附近已发现战国时代的青铜器。因此，我们认为此墓的时代可以初步断为战国或西汉，也有可能早到春秋晚期。"

"规模如此之大的这一类型的春秋、战国、西汉木椁墓，在我国是第一次发现。就木椁面积而言，它比著名的长沙马王堆一号汉墓约大6倍，比出土西汉古尸的江陵凤凰山一六八号墓约大14倍，比河南信阳长台关一号楚墓约大3倍，比出土越王勾践剑的江陵望山一号楚墓约大8倍，且形制比较特殊。

仅就这些，在考古学研究上就是十分重要的。"

"尽管有一个盗洞，但规模较小，盗洞内又没有发现晚于西汉的遗物，可能属于早期的一种民间小型盗窃，与最近江陵天星观发掘的一号楚墓那种盗洞直径达 3.34×2.7 米，洞内搭有木支架的大规模盗掘显然不同。又从湖北、湖南、河南一些被盗古墓出土文物的情况来看：江陵望山一号楚墓未被盗，出土文物 783 件；二号墓被盗，仍然出土文物 617 件，且出土了著名的楚国竹简。信阳长台关一号墓未被盗，出土文物 903 件；二号墓两次被盗，仍然出土文物 414 件。长沙马王堆共发掘了三座汉墓，一、三号墓未被盗，出土文物之多、之精，世所公认；二号墓被盗多次，仍然出土文物 200 多件，且出土了几颗玉印，为这处墓群的断代及墓主的确定提供了有力依据。因此，我们认为擂鼓墩一号墓虽然发现盗洞，仍将会有大批珍贵的文物出土。这是毫无疑义的，决不可掉以轻心。"

"现在，雷修所平整土地的工程已经暂停，现场已进行了妥善保护。但由于墓葬上部坑壁和填土的绝大部分已经挖掉，北半部距椁顶盖板只有八九十公分的填土，盗洞处椁盖板已经暴露在外；且前段基建施工主要是采用大爆破的方法，棺椁及其文物已经受到很大震动；我们在勘探过程中又在其上打了几十个探眼。如不及时清理发掘，是无法长期保存的。"

"为此，我们建议有关领导机关向省委、省革委会和国家文物局提出报告，呈请批准组织强有力的发掘队伍，即早进行发掘。"

（二）发掘经过

1．制定方案

1978年3月25日，《湖北随县城郊擂鼓墩一号大型古墓的发现与勘探简报》被送到省委书记韩宁夫同志案头。他当即批示："请告国家文物局，并同意组织强有力的发掘队从事发掘。"接着，他又让秘书王正强给当时任湖北省博物馆文物考古队队长的笔者打来电话，嘱咐："先给国家文物局挂个电话报告情况，申请发掘的正式报告随后再送。"同日，省委常委、宣传部长焦德秀也看到了这份简报，并嘱省文化局副局长徐春林转告省博物馆："按韩宁夫同志意见办，从速向国家文物局提出报告，申请发掘。"湖北省文化局给省革委会并报国家文物局《关于发掘随县擂鼓墩一号古墓的请示报告》于当天发出。4月3日，国家文物局和省革委会分别对这个报告作了批复，同意发掘工作由湖北省博物馆组织实施。省文化局当即决定由笔者主持，让文物考古队全力以赴，认真做好这件事。大家随即开始进行筹备工作。

首先是制定发掘方案。在认真总结近几年来湖北省楚墓、西汉墓发掘工作经验的基础上，由笔者拟定了《随县擂鼓墩一号墓发掘工作方案》，对各方面工作仔细规划与安排，提出了明确的目标和要求。同时，以此《方案》为据，在省文物考古队主要业务骨干充分讨论研究的基础上，由郭德维同志拟定了一份《随县擂鼓墩一号墓发掘步骤与要求》，对发掘的具体步骤、质量要求、安全保证、可能遇到的问题及其对策等逐一作了仔细的设想与安排。后来的实践证明，这两份技术文件，指导思想正确，目标明确，要求具体，方法得当，措施有力，从而保证了此次发掘得以高质量的顺利完成。

4月初至5月初，围绕组织、技术、物资等三个方面进行了精心的准备。在组织领导方面，建立了以省文化局党委副书记、副局长邢西彬为组长，襄阳地区革委会副主任秦志维、解放军武汉空军后勤部副部长刘梦池、襄阳地委宣传部副部长张桓、随县县委副书记程运铁为副组长的湖北省随县擂鼓墩古墓发掘领导小组。其成员还有地、县有关部门及雷达修理所的负责同志和武汉大学及省博物馆的有关专家吴明久、王一夫、韩景文、王君惠、王家贵、彭金章和笔者，共十二人。领导小组下设办公室统揽各项事宜，同时还设考古发掘队、行政管理组、政宣保卫组分工负责相关工作。笔者被任命为办公室副主任兼考古发掘队队长，实际主持此项考古发掘工作。武汉大学历史系考古专业副教授方酉生、省博物馆文物考古队副队长黄锡全、襄阳地区文博馆负责人王少泉、随县文化馆副馆长王世振任副队长，协助队长分司有关事宜。考古发掘队以省博物馆文物考古队的专业人员为主组成，又从襄阳地区及所属各县市和省内有关地、市、县博物馆的文物干部及武汉大学历史系考古专业师生中选调了一部分人员，既可支援工作，又藉此观摩学习和培训。此外，还从省文物考古队江陵纪南城工作站、黄陂盘龙城工作站抽调了一批经过培训并有长期实践经验的考古技术工人作为发掘队的技工骨干。此举可算是湖北全省考古专业技术人员一次大聚会、大检阅。国家文物局对此项考古发掘十分重视。先是派我国老一辈著名考古学家、故宫博物院研究员顾铁符先生驻扎工地，指导工作。随后又根据发掘进程，从中央文博单位调派一些专家学者前来，或指导工作，或参与发掘研究，或参观考察，不断给发掘工作以多方面的帮助。他们中有文化部文物保护科学技术研究所的胡继高，中国科学院考古研究所的白荣金、王振江，古脊椎动物与古人类研究所的张振标，文物出版社的高履芳、孔令航，中国历史博物馆的范世民等。发掘工地自始至终保持着强有力的专业技术力量，从而保证了这次发掘的顺利进行。

在精心组织队伍的同时，技术准备、物资准备亦按计划有条不紊地进行。考古发掘队的大本营就设在当地解放军武汉空军雷达教导队的驻地。五月初，发掘经费与主要物资、机械设备都已到位，技术培训达到了预期的要求，现场的排水系统已经疏通，各类工作场地包括文物保管的临时仓库均已确定，安全措施及安全器材亦已备齐。

2. 精心发掘

从 1978 年 5 月 11 日开始，对随县擂鼓墩一号墓，按《方案》规定的五个步骤实施全面发掘。(1) 清除残存填土，显露木椁盖板；(2) 取吊木椁盖板，取出浮在水上的器物；(3) 排除积水，清除淤泥；(4) 清理椁室，取出文物；(5) 取棺拆椁，回填墓坑。发掘队全体人员作了严密的组织分工。队员们分成现场清理、测量绘图、文字资料记录及宣传、文物保管、器物修复五个工作小组。

5 月 11 日，用定向爆破的办法，解体了压在墓坑东南角的旧水塔，用推土机、拖拉机清理干净。平整了坑口四周。接着，集中力量清除了坑内残留的填土、铺石、白膏泥、木炭等物。这项工作到 5 月 14 日夜基本完成。

5 月 15 日上午，对木椁盖板作了再一次的清扫，四十七块盖板全部清晰可见。其铺置方法与勘探简报分析相符，场面

图三　直升飞机在曾侯乙墓墓坑上　图四　从空中拍摄的曾侯乙墓发掘
　　　空进行航空摄影（梁柱摄）　　　　现场全景（潘炳元摄）

十分壮观。下午 1 点 50 分，一架武汉空军的军用直升飞机奉命到达墓地（图三）。飞了两个起落，航摄了发掘现场全景（图四），取得了墓坑、椁盖、墓地周围的地理环境等十分珍贵的考古记录资料及电影片、电视片所需资料。

　　5 月 16 日，对墓坑及木椁盖板进行了测量、绘图、文字记录等。到此，《方案》规定的第一步工作任务全部完成。

　　5 月 17 日，进入第二步工作，开始取吊木椁盖板。解放军驻随县炮兵某师派出黄河牌载重 8.5 吨的吊车一台，武汉空军后勤部及雷达修理所各派出解放牌载重汽车一台，雷达修理所根据刘秀明工程师的设计，特地赶制了起吊用的机械和工具多种。盖板起吊工作，先从编号 11 的被盗贼斩断的那一块开始（图五），往南北两边推进。北室的起吊完毕后，只见坑内一池清水，水面浮有一些残竹片、残漆皮。向南推进，南部从

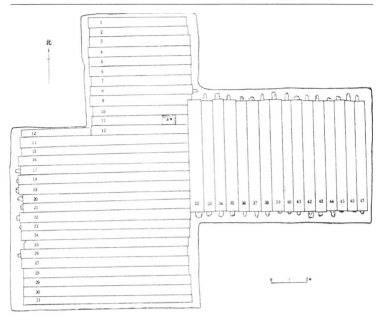

图五 曾侯乙墓木椁盖板平面及编号图

图六 揭开木椁盖板后椁室内的
积水状况（考古人员正在清
洗西室水面漂浮的两具木棺）

图七 水上吊棺

14号盖板开始，下有一道纵向椁墙，将南半部分成两室，室内亦满是积水，中室水上浮有一些残漆器，西室水上浮有两具木棺（图六）。当吊起了几块东室的盖板后，发现下面一坑清水中，浮有八具彩漆木棺。椁内有水，这是勘探时已经知道的，但水面浮有如此多的木棺这又是没有估计到的。这在以前的古墓发掘中从未见过。一般情况，木棺总是在墓坑底部，发掘接近尾声时才取吊。现在情况有变，必须调整。因为棺是浮于水面的，一旦水位下降，木棺下落会伤及下面的器物。同时考虑到木棺体积都不小，浮起的姿势也不一。有正浮的，有侧浮的，也有底朝天的。取吊前可以利用积水清洗木棺，扶正捆扎。为此，发掘队决定调整工作程序，将水面洗棺、捆棺、吊棺的任务与吊木椁盖板穿插进行。到18日晚，把水上浮起的十具木棺全数吊起（图七），并送入室内，以便清理。19日、20日，又将未吊完的木椁盖板全部吊出椁室，水面浮出的一些残漆器也全数取出。

　　5月21日，发掘工作进入《方案》规定的第三步，开始排除积水，清除淤泥。木椁分四室（图八），满是积水，水面等高，估计底下必有门洞相通。中室还有从盗洞泻下的淤泥。排水清淤的过程中，必然会有器物同时出现。为了保证安全的取出文物，决定采取"统一指挥，分室分层，水平推进，同步进行"的办法实施排水与清理。现场的清理、绘图、文字记录等工作分室进行。按四个室分成四个组。每个组皆配有现场清理、文字纪录、测量绘图、器物转运人员，分室各司其事，并各设组长以总其成。整个工地原已设立的现场总指挥与总记录、总绘图全面掌握工作进度和各项科研资料，协调处理各室之间的相关问题。出土器物及图纸、照片资料等亦均分室编

图八 曾侯乙墓椁室全景

号。出土器物在墓号（随·擂·M1）后、序号前冠以各室代号
东（E）、中（C）、西（W）、北（N），如东室 1 号器物为随·
擂·M1·E·1。棺内器物号除分室外，还要分棺来编，即室号
后、器号前还要加上棺号（C），如东室 1 号棺内 1 号器，即
编为随·擂·M1·E·C1·1。

　　5 月 21 日午夜开始，用小潜水泵从北室的东北角汲水。
随着水位的徐徐下降，各室的随葬器物逐步显露出来。

　　5 月 22 日，东室水上浮棺已于先前取走，庞大的铜木结构
的墓主外棺露出水面(图九)。接着又见到一座青铜鹿角立鹤
面朝南立于主棺东北角。原浮于水面的木棺，并非完整的八

图九　曾侯乙墓东室主棺出水状况

具。有的只有棺盖无棺身，有的只有棺身无棺盖。随着水位下
降，复原归位后可知其中两具原在主棺之西，紧靠西壁陈放；
另外六具原在主棺之东，紧靠东壁陈放。把木棺取吊出椁后进
行了清理。每棺内各有人骨一具，均为青年女子，年龄在
19～26 岁之间，身高在 1.54～1.60 米之间，皆为殉葬者。西
壁北部通中室的门洞旁有小木棺一具，制作粗糙，素面无漆，
内有狗骨架一具。在主棺与陪葬棺之间，布满了各种质地的礼
器、乐器、兵器、用具和装饰艺术品。5 月 29 日，从主棺下
取出金器五件。接着，各类乐器、兵器、漆木用器逐一安全取
出。6 月 8 日，取吊主棺。原想整体取吊出椁后，送入专用库

房内进行清理，但多次试吊未获成功，只得分层取吊。9日开始，先吊外棺盖，再吊内棺盖，将内棺内的遗骨与遗物和盘托出，转入室内，另行清理。待到其它各室全部清理完后，才向椁室回水，使内棺棺身浮起，插入托板后取吊出椁，最后才将外棺棺身吊出椁室。此时已是6月21日了。

中室的清理从5月21日椁室开始排水就开始了。起初只是逐一取出浮于水面的漆木器残件。23日凌晨才发现水里藏有编钟。先只见到上层三架的十八件钮钟悬于木架横梁上，一件已脱落，次日又见其下面尚有两层更大的编钟（图一〇）。于是立即采取防倒、防晒、防干裂（即木质梁架保水）的措

图一〇　曾侯乙墓中室编钟出水状况（上、中两层
已露出水面，下层横梁正在出水）

图一一 曾侯乙墓中室东墙下的青铜礼器出水状况

图一二 取吊编钟（一件下层大型甬钟正被吊出椁室）

图一三 曾侯乙墓中室东南角的九鼎八簋等青铜礼器及用具出水状况

图一四 曾侯乙墓北室的一对大铜缶及车舆伞盖出水状况

施。中室东北角有从盗洞下泻的淤泥。排水的同时要清除淤泥。淤泥内尚残留有行盗者遗留下来的工具、生活用器。这些对于判明行盗时间、受盗扰的情况十分重要。淤泥中未见被盗扰的器物。估计盗墓者由于某种原因，盗窃未能得逞。除东北角淤泥外，其它地方亦未见扰乱痕迹。5月30日，将落于椁底淤泥中的编钟取出。6月2日，取吊中室东墙下的青铜礼器（图一一）和散落在木椁底板、钟架横梁上的竹木类乐器以及其它用具。6月3日，取吊编磬。6月4日，开始全面取吊编钟（图一二）。这是中室清理工作中难度最大的工作。在弄清了编钟悬挂及钟架组装的方法，确定了编号后，先从上层开始取吊，挂钟构件随钟编号后一道取出，钟架从上而下分层拆卸吊出椁室……6月15日，将下层西北角的那位钟虡铜人最后吊出椁室。沉睡地下二千四百余年的全套编钟安然出土。此后，又将此室东南角的一百多件青铜器（图一三）、陶器及几乎布满全室的漆木器悉数清理出椁。6月17日，中室清理完毕。

北室的木椁盖板揭走后，水面浮有一些漆皮、竹片、木片之类的残破物，未见完整者。水位下降后，靠北室南墙偏东部并立的两件大铜缶首先露出水面，接着又见到只剩骨架的车舆伞盖和穿连绳线已散的髹漆甲胄片（图一四）。先将这些漂满全室的甲胄片取出，将车舆伞盖作好记录后取走。后来又发现椁底尚有两大堆甲胄残片，估计从中有清理出完整的甲胄的可能。由于这是费时费工的细致工作，现场有水，时间也不允许，只好将两大堆甲胄残片分别置于两个大木箱内，并采取了保水防腐的措施。这些甲胄残片稍后被运到北京，在当时中科院考古所夏鼐所长的支持下，由该所技术室的同志指导和亲自

参与，最后取得了十分可贵的
甲胄资料，并复原了实物。在
清理漂浮的甲胄片过程中，还
发现了竹简。它们在北室的西
北部，成两堆上下叠压，与兵
器、甲胄共处。队员们将其和
盘托出到室内再作仔细的清理
与保养。大量长杆兵器，是这
个室数量最多的随葬物。由于
器杆过长，有的竟达 4.36 米
（N265 号矛），且杆芯多已腐
朽，拉力强度很弱，待水全部
排干再取，很难获得完整的资
料。只能采用水中托取的办
法，先测出其长度，制作等长
的托板，利用水的浮力托于其
上，转入室内再作仔细观察与
测量记录。大量成捆的箭矢簇
亦用此法成捆取出。其它小件

图一五　曾侯乙墓西室陪
葬棺出水状况

的零星的车器、漆木器或先或后取出。两件大铜缶是在 6 月
23 日各室的随葬物全部清理出椁后才最后取吊出椁的。

　　西室的清理比较简单。浮于水面的两具陪葬棺在揭椁盖板
时已取吊出椁。5 月 22 日开始抽排积水不久，一只无头鸳鸯
形漆盒浮出水面，当即取出。后来在 2 号棺内发现了它的头，
因知它为 2 号棺中之物。6 月 17 日开始，用了三天将西室内
横七竖八的陪葬棺（图一五）全部取吊出椁。经过精心复原归

位后得知，此室陪葬棺共十三具。各棺内各有人骨一架，均为女性，年龄在13～24岁之间，身高在1.43～1.61米之间。除陪葬棺外，只在木椁底板上清出一些小件玉、石、木器及一些残破的竹席，应是棺内倾覆出来的。

6月23日，各室的器物已基本上安全取出。椁底上只剩下一些残渣和污泥浊水。为慎重起见，又在坑旁设了几个大水缸，将各室木椁底板上的污泥和残渣用竹箕取出，在水缸里精筛细洗，数量很少的小件残物一一清出。到此，椁室的清理全部完成。

国家文物局决定墓坑木椁现场原状保留，以备将来供人参观。因此，又用了几天时间，对木椁四周及底板下进行了重点钻探，获知四周椁墙与坑壁之间亦填木炭，从上到下直达坑底，仅局部夹有一层厚约30厘米的青膏泥。木椁底板下未发现腰坑、垫木。木椁底板是直接放在红砂岩上的。在对底板进行清洗、消毒、绘图后，又对椁底作了最后一次拍照。时至1978年6月28日，此墓田野发掘的现场清理全部完工。

（三）墓葬概况

1. 墓葬的基本情况

曾侯乙墓位于湖北省随县城关西郊擂鼓墩附近。随县在湖北省的中北部，位于北纬31°19′～32°26′，东经112°43′～113°46′。全境南北长约130公里，东西宽约105公里。地处长江之北、汉水以东，北与河南省的南阳、信阳二市毗邻，南与江汉平原的湖北省京山、钟祥二县接壤，恰好处于黄河流域和长江流域的交接地带，东南距省会武汉市155公里(图一六)。汉口至丹江

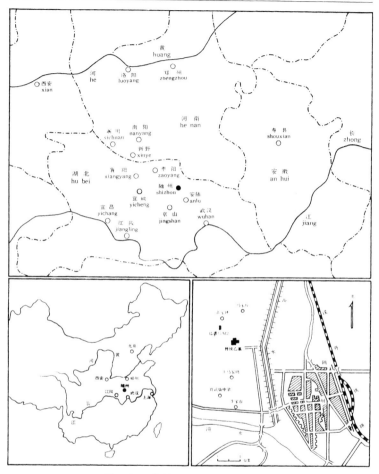

图一六 曾侯乙墓地理位置示意图

口的铁路从县城穿过。自然地理与人文环境都十分优越。

搰鼓墩在城区西北约2公里处。这一带是山峦起伏的丘陵岗地，山脉从西蜿蜒而来，到此已是丘陵的尽头。由于它濒临溳水河，形成一个凸圆形山包，故而当地村民称其为东团坡。

此地高出河床约20余米，南约2.5公里有涢水自西向东汇入
溠水。墓葬即建在两水相汇所形成的这块三角形地带的高坡
上。它依山傍水，视野开阔，显然是一块"风水宝地"。

墓葬的构筑，是先在红砂岩山岗上凿竖穴以为墓圹，圹底置
木质棺椁，然后回填泥土和铺石板。由于发掘前原有地面已遭
破坏，未见封土堆。残存墓口呈不规则多边形，朝向正南。墓坑
东西长21米，南北宽16.58米，总面积220平方米。残存墓口
最高处距墓坑底深11米。据悉，墓坑上因修水塔已削去2米，
故坑底原来深度当在13米以上。墓壁垂直，修削比较规整。巨
型木椁置于坑底。椁顶上先满铺竹席。竹席的床数与每床的具
体尺寸已无法查明。其编织方法，系用宽0.5厘米篾片呈"人"
字形编织。篾席上铺一层绢，绢上铺竹网。每幅竹网的长宽为
1.96×1.80米。竹网由纵向的粗篾与斜向的细篾组成六角形
或梯形眼。竹网上填木炭。木炭上填10～30厘米厚的青膏泥。
这种泥非常细腻，粘性大，较湿润，渗水性小，潮湿时呈青灰色，
故称青膏泥，晒干后呈白色或青白色，故又称白膏泥。青膏泥
上，先填一层黄褐土，再填一层青灰土，层层交替往上，并在黄褐
土上施夯。夯窝圆凹，直径一般为4厘米，个别径大的亦不超过
6厘米。两种土构成的夯层厚15～20厘米，填至距椁顶2.8米
时，满铺一层大石板。石板没有经过严格加工，颜色、质地、大
小、厚薄都很不一致。除墓坑东南部有几块是侧立着的以外，其
它都是平铺的。石板与石板之间有较大空隙，又用小石块或碎
石填充。石板一般长1.2～1.5米，最长的2～2.5米，最短的
50～70厘米；一般宽70～80厘米，最宽的1～1.2米；厚一般在
30厘米左右，最厚者40厘米，最薄者6厘米。经湖北省第八地
质大队三分队专家鉴定，这些石块的岩性大多数为橄榄灰长岩、

凝灰质绢云纳长千枚岩、混合质白云二长片麻岩、结晶泥灰岩，也有黑云花岗岩、云母片岩和大理岩，大多产于随县。除橄榄灰长岩距墓地较近，约 90 公里，其它大多数距墓地较远，直线距离达 110 多公里。

石板上，继续交替填青灰土和黄褐土，填 70～90 厘米之后，改为一层黄褐土、一层五花土交替往上，直达墓口。在每层黄褐土上施夯，不过其夯层较下面的为厚，一般为 18～20 厘米，有的达到 40～50 厘米。施夯亦不如下部的严实。两种夯土现有总厚度达 4.7～5.7 米（含石板）（图一七）。

木椁由一百七十一根巨型长条方木垒成。这些方木全用斧、斤、锛、凿加工而成，没有发现锯和刨的痕迹，修削较为

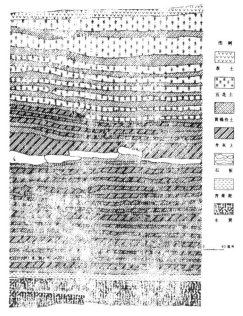

图一七　曾侯乙墓墓坑南部填土夯层剖面图（局部）

平整，粗细较一致，直径50～55厘米，长短因室而异，最长的达10.6米，最短的也有3.4米（中室东墙门洞处靠北一段除外）。整个椁室共用方木378.633立方米，折合长圆木约500余立方米。其材质经中国林业科学院木材工业研究所鉴定，全部为梓木（Catal-Pa.SP.）。其构筑程序是先铺底板，再垒十二道椁墙，将其分隔成四室后，放置墓主棺、陪葬棺及随葬器物，然后加盖木椁盖板。

四个椁室中，中室和东室最大，北室最小。其大小宽窄与内空高低也不一致。它们的具体尺寸如下表：

椁室内空尺寸表　　　　　（单位：米）

室　名	长	宽	深
东　室	东西长：9.50	南北宽：4.75	3.36—3.50
中　室	南北长：9.75	东西宽：4.75	3.30—3.36
西　室	南北长：8.65	东西宽：3.25	3.15—3.36
北　室	南北长：4.25	东西宽：4.75	3.10—3.30

四个椁室的底部皆有门洞相通，门均呈方形。中室通西室和东室的门洞，是将最底下一块椁墙板截去一段而成，其高度与墙板等高。唯独中室通北室的门，是在墙板下部凿一方洞而成，较另两个门洞为小。每室的四壁上都钉有一些木钉，大都钉在第二、三、四块墙板下的缝隙中，钉与钉之间的距离没有严格规律。不过上下排的木钉基本上是错开的，不在同一直线上。估计当年挂有帷幔或香囊，因墓坑积水均已腐烂。

东室置墓主内外套棺一副、陪葬棺八具、殉狗棺一具；西

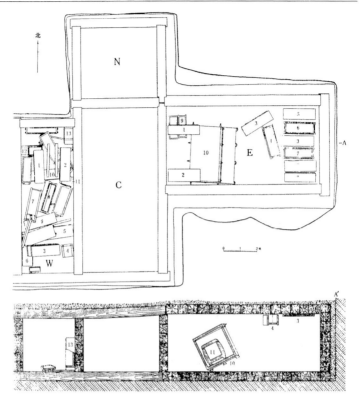

N.北室 C.中室 E.东室 1—8.陪葬棺 9.殉狗棺 10、11.墓主棺 W.西室 1—13.陪葬棺

图一八 曾侯乙墓墓坑及棺椁平、剖面图

室置陪葬棺十三具。此墓共置木棺二十四具（图一八）。

主棺分内外两层。外棺为近方形盒状，上部比底部略大，长3.2米、宽2.1米、高2.19米，由铜框架嵌厚木板构成。其框架分底座、棺身立柱和棺盖三部分(图一九)。底座由两横两纵四根铜梁连结成方框，框下有十个兽蹄形铜足。铜足的分布为四角各一个，两长边中间各两个，两短边中间各一个。纵梁

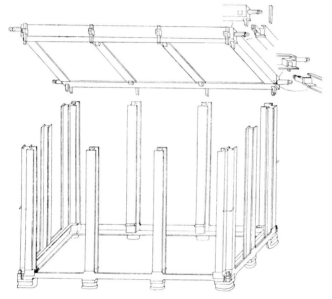

图一九 曾侯乙墓墓主外棺青铜框架结构示意图

截面作直角形,以便棺身立柱置于角内。横梁截面为两个槽形连在一起,一个槽朝里,用于嵌棺底板,一个槽朝上,用于嵌棺档板。底板由两块厚13厘米的木板并排嵌于横铜梁的槽中,上、下两面均与槽形铜梁平齐。底座铜框上立十根铜柱。四角铜柱截面为两个槽形铜成直角衔接,即一个槽嵌棺身壁板,一个槽嵌棺身档板。当中的立柱则截面均为工字形,即两边均有槽,以便嵌棺壁板。立柱与底座铜方框均为焊接。棺身壁板厚为12厘米,除一边北侧为两块拼合嵌入外,其余两柱之间均由一块木板嵌成、拼合,甚为严实。足档靠西一块底部还开凿一个方形小门。棺盖铜架由两根纵梁与四根横梁卯榫结合而成。铜梁截面为不等边的槽形,纵梁两端槽都封闭,外侈出长22厘米的十棱形榫头,榫端部成扁圆环钮状。棺盖铜架两端及中部均匀地分布四个榫眼。其两端端部下方还伸出一长 13 厘米、宽 7～7.5 厘米、厚 3.5 厘米的铜楔,用以扣住下方的铜立柱。横梁截面也为不等边的槽形,高、宽、厚均与纵梁同。其两端侈出方形榫头以插入纵梁榫眼,两端下部呈直角形状,正好与纵梁的不等边槽底相衔,最末端呈封闭状。榫头的外侧有铜眼,插入铜楔,将穿过纵梁榫眼的横梁卡紧,使两者结合牢固。同时当盖与棺身扣合后,铜楔也正好卡住了铜立柱,使盖与身扣合严密。榫头末端铜楔外还有一个扁圆环钮。棺盖的木板嵌卡在纵横梁不等边槽中,每块长 1.92 米、厚均为 17 厘米,共六块,从北往南铺嵌,拼合极为严实,顶上与纵横梁外框齐平。整棺内髹朱漆,刻有与外壁相同的长方框槽线,但框内无纹饰。外壁包括铜足、铜框架,均以黑漆为地,绘红、黄色纹饰,但露在外面的铜榫头没有上漆绘彩。其主要纹饰为绚纹、云纹、龙形蜷曲勾连纹,并有阴刻框槽线。整棺纹饰对称严谨,规整有序。从整体看,外棺设计精巧,制作精湛,纹饰美观,堪称金工、木工、漆工巧妙结合于一体的难得的艺术珍品。

内棺长 2.5 米、头端宽 1.27 米、足端宽 1.25 米、高 1.32 米,用厚木板拼装组合,由盖板、两侧壁板、两头档板、底板、垫木接榫而成。外形为长方盒状,盖板与两侧壁板略向外呈弧形,两档板(含盖板两档)平直,棺内空亦为长方盒状,长 2.08 米、宽 82 厘米、高 81 厘米。棺内底板悬空,搁置于头档下部及两侧壁板、足档预留的边榫和当中的横垫木上。垫木距地面尚有 1.5 厘米空隙,底板厚 21 厘米,悬空高度为 8.5 厘米。棺内遍髹朱漆,棺外髹漆亦十分讲究。棺外先抹 0.2～0.4 厘米厚的漆灰泥,反复打磨平滑后,遍髹一层黑漆为地,再在黑漆上遍涂一层朱漆,然后用黑、金等色绘成异常繁复的图案。除绘门窗及龙、蛇形组成的勾连纹外,其余多

数由龙、蛇等各种动物及神、兽构成。粗略统计，共绘八百九
十五只动物，其中有各种龙五百四十九头、各种蛇二百零四
尾、鸟一百一十只，另外的鸟首形兽、鹿、凤、有足鱼等若
干，还有人面神四个、神兽武士二十个。其内涵似与我国古代
一些神话故事有关，也有人认为是一些傩舞的场面。

　　陪葬棺共二十一具，形制大同小异，均为长方盒状。棺内
空均是平直的，外形则有弧形或基本弧形、方形或基本方形两
类。前者或盖板与两侧壁板均呈弧状，或盖平壁板略弧，或盖
与壁板中间平两边弧；后者或盖与壁板均呈平直的，或棺身方
形而盖略弧。其结构基本一致，盖板、壁板、档板、底板均为
整木做成，用榫卯接合，壁板与档板的衔接处四角用铅锡抓钉
加固。底板嵌于棺身内侧一周凹槽中，一般都悬空，但悬空度

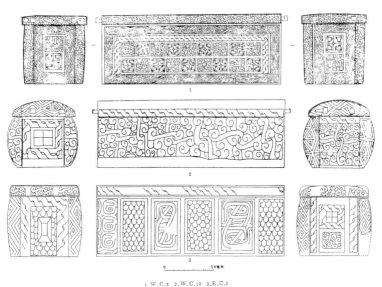

1 W.C.3　2.W.C.10　3.E.C.2

图二〇　曾侯乙墓陪葬棺纹饰线描图

不高。棺身上部作子口承盖，盖板内侧榫槽一周恰与子榫扣合。除一具外，其余二十具棺盖两端均侈出两个把手。二十一具棺表里均髹漆，内壁为黑漆，外表除编号 E·C·3 的陪葬棺全髹红漆外，均以黑漆为地，施红彩，纹饰施于两侧壁板及两档。其图案主要有三类：一类以云纹为主，或全部为云纹，或云纹中夹有绚纹，或云纹夹有方格纹；二类以鱼鳞纹和勾连纹为主，或在大方格中饰鱼鳞纹和勾连纹，或在窗格中饰鱼鳞纹和勾连纹；三类以小方格纹内填其它纹饰为主（图二〇）。盖顶不饰纹饰。二十一具陪葬棺的尺寸与形状详见下表。

陪葬棺尺寸与形状表　　　　（单位：米）

编号	外　　长			内　　空			形　状
	长	宽	高	长	宽	高	
E·C·1	1.96	0.76	0.70	1.68	0.45	0.41	弧。
E·C·2	2.00	0.80	0.70	1.72	0.51	0.47	盖顶平两旁弧。
E·C·3	2.04	0.76	0.80	1.67	0.46	0.47	弧。
E·C·4	2.00	0.80	0.72	1.72	0.54	0.45	弧。
E·C·5	2.04	0.76	0.70	1.72	0.50	0.46	弧，顶微平。
E·C·6	2.00	0.74	0.68	1.74	0.52	0.47	方。
E·C·7	1.97	0.78	0.74	1.68	0.46	0.42	弧。
E·C·8	1.95	0.80	0.70	1.71	0.52	0.47	弧，盖顶及旁平。
W·C·1	1.96	0.74	0.68	1.64	0.45	0.47	弧。
W·C·2	2.00	0.80	0.68	1.71	0.51	0.46	弧，盖顶及旁平。
W·C·3	1.91	0.70	0.72	1.65	0.45	0.46	方。
W·C·4	1.97	0.73	0.71	1.72	0.51	0.47	方，盖微弧。
W·C·5	1.90	0.67	0.73	1.64	0.44	0.45	方，一侧微弧。
W·C·6	1.94	0.73	0.73	1.71	0.51	0.47	方，盖微弧。
W·C·7	1.96	0.70	0.68	1.71	0.51	0.47	方，盖缘弧。
W·C·8	1.88	0.78	0.66	1.64	0.44	0.44	弧，盖顶平。
W·C·9	1.91	0.66	0.73	1.64	0.44	0.45	方。
W·C·10	1.99	0.75	0.69	1.65	0.44	0.42	弧。
W·C·11	1.92	0.68	0.65	1.64	0.44	0.45	方，盖弧。
W·C·12	1.92	0.77	0.63	1.62	0.45	0.45	弧。
W·C·13	1.97	0.73	0.78	1.72	0.52	0.47	方。

殉狗棺一具，呈长方盒状，素面无漆，长 1.33 米、宽 0.53 米、高 0.57 米。其结构与殉人陪葬棺相同，内有狗骨架一具、石璧二件、骨器一件。

2．随葬器物概述

曾侯乙墓随葬器物丰富多彩。按用途来分，其种类包括乐器、礼器、兵器、车马器、甲胄、生活用器、丧葬用品及竹简等，共一万五千四百零四件（含一些器物的附件及可拆卸的构件在内）。其质地有青铜、铅、锡、金、玉、石、骨、角、漆木、竹、丝、麻、陶等。大多数保存完好，有的出土时还保持着当年下葬时的原始状态。

乐器有钟、磬、鼓（建鼓、悬鼓、手鼓）、瑟（图二一）、琴（十弦琴）、均钟（五弦器）(图二二)、笙、箫（排箫）、篪，共计九种、一百二十五件。还伴有部分乐器的演奏工具钟槌、

图二一
彩绘髹漆木瑟
（郝勤俭摄）

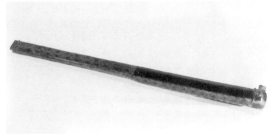

图二二
彩绘髹漆木均钟

钟棒、磬槌、鼓槌，共计十二件。另外尚有与乐器配套的附件如瑟柱，构件如钟磬架、磬匣及鼓座的构件等。乐器及其附件、构件合计为一千八百五十一件。其数量之多，配套之全，保存之好，是中国音乐史上空前的大发现。

青铜礼器和用具共计三十六种、一百三十四件。礼器包括食器、酒器和水器，共计一百一十七件。其品种有鼎（包括正鼎、镬鼎、陪鼎共二十件）、鬲、甗、炉、盘、簋、簠、豆、鼎形器、盒、大尊缶、联禁大壶、提链壶、鉴缶（冰鉴）、尊盘、罐、过滤器、浴鼎（小口鼎）、匜鼎、盥缶、圆鉴、盘、匜、斗、勺。青铜用具十六件，有炭炉、箕、漏铲、镇、熏、筒形器、钩形器。此外，还有削刀、玉首铜刀、木柄铜凿。另有鹿角立鹤一件，有人认为是悬鼓之座，有人认为是专为殉葬用的如飞廉之类的丧葬用品。

兵器有四千七百七十七件，包括进攻性的有刃青铜兵器和防御性的盾与甲胄等。其品种有戈、戟、矛、殳、楯殳、弓、矢、簇、盾、人甲、马甲、人胄、马胄等。

车舆、车马器有九种、一千一百二十七件，包括车舆、伞、华盖、车舌、马衔、马镳、马饰等。

漆木、竹器有五千零三十八件。除木扣子有四千七百八十件外，漆木器主要有衣箱、酒具箱、食具箱、盒、豆、杯、碗形器、桶、勺、禁、案、俎、几、架、木雕鹿、梳、木片俑、玉首木杖、木杖、木襆等。竹器绝大多数保存不好，能分清器类和形状者有二十六件，主要为大竹笥、小竹笥、竹篓、竹席、竹夹等。

金器有金制器皿五件：盏、漏勺、杯、镇（二件），有金带钩四件，另有金箔九百四十片，当为原装饰在其它器物上而散落下来的。

　　玉、石、骨、角器中玉石器有璧、环、玦、璜、琮、镯、佩、挂饰、剑、双面人、管、刚卯、串饰、珠等玉、石饰物，共计五百二十八件；琀、口塞、玉握、玉片、半琮、璞料等葬玉，共计六十四件；梳、蹀等其它玉器三件。骨角制品共计八十三件，包括角饰、骨角珠等。

　　竹简二百四十枚，有字竹签二枚，共计六千六百九十六字。这是一座墓葬出土先秦竹简较多的一次。

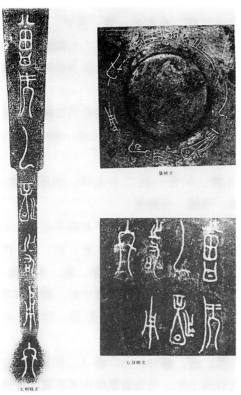

图二三　青铜礼器上的"曾侯乙酢🔶用🔶"铭文

图二四　青铜甬钟上的"曾侯乙乍🔶"铭文

3. 墓主及其下葬年代

此墓出土青铜礼器、用器一百三十四件，其中一百零九件上面共计一百一十七处有"曾侯乙"铭文，几乎都是"曾侯乙乍（或作'酢'，读如'作'）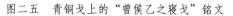（持）用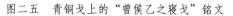（终）"七字（图二三），个别的为"曾侯乙乍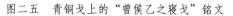"五字。

青铜乐器中，四十五件甬钟正面钲部，均有"曾侯乙乍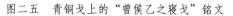"铭文（图二四）。编磬座怪兽伸出的舌头上也有"曾侯乙乍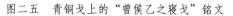（持）甬（用）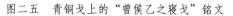（终）"铭文。建鼓座圆柱的口沿上亦有"曾侯乙乍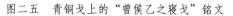"铭文。

青铜兵器中，戈共计六十六件。其中有"曾侯乙之走戈"铭文的三十五件，有"曾侯乙之用戈"铭文的二件，有"曾侯

图二五　青铜戈上的"曾侯乙之寝戈"铭文

乙之寝戈"铭文的一件（图二五），合计有"曾侯乙"铭文的
戈三十八件，占戈总数的57.6%。此外，还有其它铭文的戈，
如"曾侯郎之用戈"、"曾侯郎乍䍙"等，合计十件，仅占戈
总数的18%。有铭的铜戟中，如按单个戟头算（因为有的双
戈戟和三戈戟的戟头铭文相同），有"曾侯乙之用戟"三件、
"曾侯乙之畏戟"三件、"曾侯郎之戟"二件、"曾侯郎之行
戟"四件、"曾侯郎"八件、"曾侯遟之行戟"十件、"曾侯屃
之用戟"三件。"曾侯乙"之名出现在戟头上的次数不及"曾
侯郎"和"曾侯遟"多，但值得注意的是两件鸟书错金铭文，
一件鸟书铭文的戟为"曾侯乙"，一件戟头内上的"曾"字图
徽也在"曾侯乙之戟"上。在兵器铭文总数中，提到"曾侯
乙"的铭文远远超过了"曾侯郎"、"曾侯遟"。

　　综上所述，在此墓出土的青铜礼器、用器、乐器和兵器
上，"曾侯乙"三字共计出现二百零八次。在考古发掘中，同
一人名作为物主如此多的出现于同一座墓的器物上，还没有先
例。这对于判明墓主，具有十分重要的意义。

　　更能说明问题的还有两例：

　　其一，铭文为"曾侯乙之寝戈"的短柄铜戈，出土于墓主
棺旁。《左传》襄公二十八年记有："二人皆嬖，使执寝戈而先
后之。"杜预注："寝戈，亲近兵杖。"这件"曾侯乙之寝戈"，
恰在主棺之旁，古来死者墓葬的棺室相当于生前的寝室。由此
可知，此寝戈当为墓主人生前侍卫武士所持之器。它葬于主棺
之旁，恰好说明，其主人非曾侯乙莫属。

　　其二，青铜镈钟上的三十一字铭文："佳王五十又六祀，
返自西㬨（阳），楚王酓（熊）章，乍（作）曾侯乙宗彝，奠
（奠）之于西㬨，其永䭫（持）用享。"（图二六）它表明这件

图二六　楚惠王赠给曾侯乙的青铜镈钟铭文

镈钟是楚惠王送给曾侯乙的。它葬于此墓内，且悬于钟架的显著位置。为了悬挂此镈，还将原来悬于钟架上的最大一个甬钟挤掉而没有下葬。另外，钟架上四十五件甬钟皆有"曾侯乙乍𫲽"的铭文。在这里拥有这些甬钟的人和接受楚惠王所赐宗彝的人同为"曾侯乙"。这些足以证明，此墓主人只能是曾侯乙，一位名叫"乙"的曾国诸侯。

　　上述所引镈钟上的三十一字铭文，为判明此墓下葬年代提供了有力依据。与此铭文完全相同的铜钟，宋代时在湖北安陆曾出土过两件，人们称之为"楚王酓章"钟。这说明同样的钟，当时铸造了多件。宋代出土的这两件钟早已不存，但铭文却被摹写传世，只是"返"字摹写有误，写成了"这"字，以致影响了对字义的确切解释。郭沫若著《两周金文辞大系图录考释·楚王酓章钟》说："薛尚功引赵明诚《古器物铭》云'楚惟惠王在位五十七年，又其名为章，然则此钟为惠王作无疑'。今案酓假为熊，近出'楚王鼎'幽王熊悍作酓忎，正为互证。"据此，铭文纪年当为楚惠王五十六年，即公元前433年。这无疑是曾侯乙墓下葬年代的上限。其下限有两种可能：一是在古书中"反"、"报"两字常互相代用，加上古代常将"丧"称为"报"的情况，铭文中"返自西阳"可以解释为从西阳得到曾侯乙去世的讣告。同时，又可以把"乍曾侯乙宗彝"解释为作曾侯乙的祭器。那么，这件镈钟就是楚惠王得知曾侯乙死后特地赶制出来，并送至曾国宗庙用以祭奠曾侯乙的。此墓出土的竹简也记载墓主下葬时，楚、宋两国曾来会葬，楚国自王以下都馈赠了车马等物。这可以同镈钟铭文互证。这就是说，曾侯乙下葬的年代当与镈钟的铸制年代基本一致，即在公元前433年或稍晚。另一种解释是把"返"字按其本义来解读。所谓

"返自西阳"，是指楚惠王从西阳返回楚都。同时又把"乍曾侯
乙宗彝"解释为替曾侯乙铸造用以祭祀其先人的祭器。那么这
件镈钟就是曾侯乙还活着的时候，楚惠王铸造出来送给他的。
曾侯乙的死和下葬年代应晚于镈钟的铸造年代。据墓主骨架鉴
定，他死时约 42~45 岁。假如公元前 433 年他还在世，从楚
王送给他镈钟来看，这一年他的年纪不会太轻。因此，他的死
和下葬很有可能在这以后三十年内，即不会晚于公元前 400
年。当然，这也不排除曾侯乙在楚惠王赠给他"宗彝"以后不
久就死去的可能性[1]。不论属于那一种情况，将其下葬年代
断在战国早期是毫无疑问的。其绝对年代，当属公元前 433 年
或稍晚。

　　按照考古断代的常规，以考古类型学的方法，将此墓出土
的各类器物与同时代墓葬的器物相类比，也可以得到印证。而
据北京大学历史系考古专业、国家文物局文物保护科学技术研
究所、中国社会科学院考古研究所等单位所作的¹⁴C 年代测
定，虽然稍有出入，但综合观察，其平均值则与上述公元前
433~前 400 年之间的推断还是吻合的。

　　此墓发掘二十余年来，国内外学术界绝大多数学者，对于
上述墓主和年代的推断，是表示赞同和支持的，但亦有持异议
者。有学者从此墓青铜器中有的没有作器铭，有的作器铭又非
曾侯乙，而另有曾侯郎、曾侯邌，因此认为不能断言墓主即
为曾侯乙。又曾侯乙之器物时代大多较早，而某些无铭文的器
物时代较晚，先人之器葬于后人墓者是常有的现象，故不能以
墓中有较多的铭文标有"曾侯乙"就断言墓主为曾侯乙，正如
不能因出土了"越王勾践剑"而将江陵望山一号墓断为越王
墓，因出土了"吴王夫差剑"而将襄阳蔡坡十二号墓断为吴王

夫差墓一样。据此推理，此墓也不能断为曾侯乙墓[2]。

对于此墓下葬年代亦有认为非战国早期而应是战国晚期。其主要依据是墓中有一些器物从文献或此前考古学推断并非战国早期之器。例如，此墓出土的多件金、铜、玉带钩，有的学者认为此种"胡带钩在古代中原地区出现的年代只能在赵武灵王'胡服骑射'兵制变革中采取了政治强制措施之后，而绝不可能在此之前，故此墓年代只能在赵武灵王变法之后，亦即此墓只是一座战国中期以后的楚墓"[3]。

对于上述异议，笔者认为难以成立。已有学者对此作过详细评论[4]，这里不再赘述。

注　释

[1] 裘锡圭《谈谈随县曾侯乙墓的文字资料》，《文物》1979 年第 7 期。

[2] 曾昭岷、李瑾《随县擂鼓墩一号墓年代、国别问题刍议》，《武汉师范学院学报》1979 年第 4 期；《随县擂墓断代补论——兼答郭德维君》，《武汉师范学院学报》1982 年第 2 期。

[3] 同〔2〕。参见《武汉师范学院学报》1982 年第 2 期第 67～68 页。

[4] 郭德维《曾侯乙墓并非楚墓》，《江汉论坛》1980 年第 1 期；《随县曾侯乙墓的年代——与曾昭岷、李瑾同志商榷》，《武汉师范学院学报》1980 年 1～2 期合刊本。

二 考古学研究的主要收获与重要课题

（一）考古学研究的主要收获

1. 为我国南方东周墓葬发掘积累了宝贵经验

考古学是根据古代人类遗留下来的遗迹、遗物，研究古代社会的科学。田野考古（包括调查、发掘及资料整理在内），是获得这些实物资料的重要方法和手段，是考古学研究的基础[1]。曾侯乙墓，以其规模之大，出土器物数量之多，种类之全，保存之好，在历年来东周墓葬的考古发掘中确实少见。这就为我国东周墓葬的考古发掘提供了一处极好的实验场地和一件完好的标本。

由于各地地理条件和地质条件的不同，我国南方东周墓葬的保存状况往往有很大差异。有的原葬棺椁已腐，墓内仅存部分随葬的铜、陶等器物，并与垮塌下去的填土混在一起，发掘时墓坑内满是泥土，因而人们常常称这类墓为"土洞子"；有的棺椁和随葬器物保存甚好，只是一些有机质类的物品，如死者尸体和动、植物残骸腐烂后形成的可燃气体（沼气）留在墓内，发掘时常因不慎而起火燃烧，因而人们往往称它们为"火洞子"；有的则因为地质条件特殊，墓坑和棺椁满是积水，这些水往往对竹木质、铜质、玉石质遗物起到了一定的保护作用，而对于丝绸及有机类遗物则有腐蚀作用，发掘时往往满椁积水或水中杂有污泥，因而人们把这类墓称为"水洞子"。这些称谓原本出自旧时长沙地区一些盗墓的"土夫子"，但它们也简明地反映出南方东周、西汉墓葬状况的一些基本特征，使人易懂易记。曾侯乙墓属"水洞子"，开始钻探和实施发掘时，因发现填土中有一个盗洞，木椁盖板也被凿了一个洞，人们以为满椁积水是从盗洞口泻漏下去的。1998年对墓坑木椁实施现场脱水保护工程时，经中国地质大学（武汉）专家们的钻探分析，确证此处地下水高于墓坑底部，且坑周的红砂岩有微弱的透水性，四周砂岩中的地下水可以缓慢地以潜流方式进入椁室。其椁内积水主要来自地下水的渗透，且是早年形成。其积水高度约占椁室的三分之二，曾经起了阻止盗墓者入室行盗的作用[2]。至于发掘时满坑都是水，其上部显然是从盗洞泻漏下去的。木椁规模这么大，积水这么深，给发掘工作带来了许多困难。这在湖北，就是在全国也都是少见的。

　　墓葬规模庞大，圹有多坑，椁有多室，水又很深，随葬器物的质地各有不同。如何使它们在发掘过程中因环境条件的改变而不受损失，文物的现场保养与保护是一大难题。如漆木竹器在地下处于饱水状态已逾千年，乍一出水必然要干裂甚至全部损毁，现场如何取出，运输途中如何保养，转至室内后如何整理？金属器在水中和出水后在潮湿的环境中要生锈，丝织物虽多已腐烂，但仍留有残片，怎样才能使它们在出水后得到风干保养？成百上千的皮甲胄残片，编织绳线已断，怎样取得较完整的资料并能据以复原，使人们能看到完整的器物形象？音乐是声音的艺术也是时间的艺术，大批乐器质地各不相同，青铜的、竹木的、皮革的、石质的都有，如何既能保护其外形的艺术特色，又能留下它们的优美乐音，检测出音高与频率……

凡此种种，技术难度都很大。从发掘伊始，我们就采取了多学科协作攻关的办法，大多取得良好的效果，摸索了一套行之有效的保护办法。

发掘记录资料的及时整理，在考古学研究中具有重要意义。曾侯乙墓发掘一开始，在制定发掘工作方案时，就作了充分的考虑，实行边发掘边整理。例如，竹简的照相、释文与考释，乐器的检测与测音，漆器彩绘的临摹与保养等，基本做到记录资料齐全，检测及时，保养到位，减少了损失。

整个发掘进程也留下不少遗憾。例如，由于基建施工，使原始地面全被破坏，墓坑上部的资料残缺。坑旁曾有零星小件铜器出土，如小铜鼎、车舍等。它们是属于陪葬车马坑，还是属于祭祀坑，没有取得任何记录资料。又由于墓地处在军营内不便于作全面钻探，当时未能进一步探明此墓的全貌。直到二十年后的1998年，在对墓坑木椁实施现场脱水保护工程而开凿地下坑道时，才在坑西部发现了五个附葬坑。可惜坑内遗物所剩无几，无法对此墓葬制进行更深入的研究。又如一些竹木质地的车舆、伞盖、木架之类，在坑内多已散乱，记录资料很难取全，野外作业完成而进入室内后也未能及时研究复原，至今仍难以窥知其全貌。

综上所述，对曾侯乙墓的发掘是成功的，科学质量是高的。这就为我国东周墓葬的田野考古，尤其是南方大型东周、西汉墓葬的田野考古探索了一套行之有效的科学方法，积累了宝贵的经验。

2. 为研究东周诸侯葬制提供了可靠资料

我国东周列国的诸侯墓葬，已发掘的不多，保存情况也参差不齐。新中国建立前挖掘的郑伯墓和被盗掘的楚幽王墓，虽然出土遗物不少，但墓葬形制不甚清楚，实难结合文献研究诸侯的葬制。曾侯乙墓则不然，规模庞大，文物甚多，保存良好，又经科学发掘，记录资料齐全。这就大大弥补了此前同类墓葬发掘的不足，为研究东周诸侯葬制提供了一个全新的标本。

《左传》成公二年（公元前 589 年）记载："八月，宋文公卒。始厚葬，用蜃炭，益车马，始用殉，重器备，椁有四阿，棺有翰桧。"杜预注："四阿，四注椁也。翰、旁饰，桧、上饰，皆王礼。"以此来对照曾侯乙墓，尽管时间上比宋文公晚一百五十余年，但其埋葬情况还是大体相似的。例如，厚葬，椁外填炭，用人殉，埋有大量兵器、车马器，棺上面与旁边均有彩饰等。又如，椁有四室，中室置钟、磬、鼎、簋等礼乐重器，东室置主棺，西室有殉葬棺，恰如古代宫室中为大殿，左右有厢房（东西房），皆如诸侯之制。

《周礼·春官·小胥》："正乐悬之位，王宫悬，诸侯轩悬，卿大夫判悬，士特悬，辨其声。"郑玄注："乐悬，谓钟磬之属悬于筍虡者。郑司农云：'宫悬，四面悬；轩悬，去其一面；判悬，又去其一面；特悬，又去其一面。四面，象宫室四面有墙，故谓之宫悬。轩悬三面，其形曲。'"又《左传》成公二年"请曲悬"。杜预注："轩悬也。周礼天子乐宫悬四面，诸侯轩悬缺南方。"由此可见，轩悬即曲悬，乃周礼规定的诸侯享用钟磬礼乐之制。曾侯乙墓钟磬悬制与此是吻合的。

又如棺椁重数。《礼记·檀弓上》："天子之棺四重。"郑玄注："尚深邃也。诸公三重，诸侯再重，大夫一重，士不重。"曾侯乙主棺也是内外两重，正合诸侯之制。

当然，也有与《左传》及周礼等文献所载不符之处。如前引"橑有四阿"。《周礼·考工记·匠人》郑玄注云："四阿，若今四柱屋。"曾侯乙墓木橑未见四柱，这表明文献记载有它可靠的一面，但也有其不足之处。考古发掘所获资料便成为重要的补充和实证。

综上可见，此墓的发掘为研究周代列国诸侯的埋葬制度，提供了一个典型的实例，对于诸侯以下的贵族葬制也有重要参考价值。

3．为东周考古断代树立了新的标尺

考古断代是考古学研究的重要环节。墓葬年代的研究在考古研究中具有重要位置。湖北省已发掘的春秋、战国墓葬数以千计，全国发掘的为数就更多了。然而，墓主身份明确、墓葬年代准确的却很少。曾侯乙墓墓主身份明确，等级甚高，下葬年代准确，保存完好，出土器物多而精。这就在东周考古断代上树立了一个可供对照的标尺。

例如，20世纪50年代安徽寿县发掘的蔡侯墓，出土青铜器就达四百八十六件，有铭文的多达几十种。其中铭文多有"蔡侯▓"字样，可以确定是蔡侯之墓[3]。但它是哪一代蔡侯？开始，学术界有平侯、悼侯、昭侯、成侯、声侯、元侯六说。从文献考察，蔡国于昭侯二十六年（公元前493年）避楚就吴，迁都于州来（今安徽寿县）。因此，墓的年代不能早于昭侯。另外，蔡声侯的墓已在淮南市发现，出有蔡侯产之用剑。而蔡侯墓所出吴王光鉴与蔡侯钟的铭文中，蔡侯既有"辅右楚王"的记载，又有与吴联姻的记载，其境况与史载昭侯前段的历史相符。又"▓"与"申"音近，史书中蔡侯申之"申"即"▓"的借字。因此，学术界大多数人逐渐认为此蔡侯当为蔡昭侯申，其年代在春秋晚期。由于曾侯乙墓年代准确，若以曾墓出土器物为标本，按照考古类型学的原则与方法，与蔡侯墓器物作一对比，就可以看到：两墓青铜器中有许多同类器，如簋、簠、盥缶等的形制就基本相同。曾侯乙墓的器物比蔡侯墓的器物显现出某些进步的痕迹，而蔡侯墓则更显古朴一些。由于曾侯乙墓断为战国之初，这就可以证明将寿县蔡侯墓断为春秋晚期的蔡昭侯申的墓葬是可信的。曾侯乙墓为蔡侯墓的断代提供了佐证。

又如，长沙浏城桥一号楚墓，发掘者认为属于春秋晚期，也有人认为属于战国早期。如果以曾侯乙墓与它相比，两墓所出的一些器物极为近似。如浏城桥一号的Ⅱ式铜鼎，据发掘者的描述，其形制为附耳，圜底，蹄足，盖上有三个卧牛形的小钮，与曾侯乙墓的Ⅰ式盖鼎（即牛形钮盖鼎）相似。漆木器中的俎、几、伞盖帽及青铜盖弓帽与曾墓更为接近。浏城桥一号的Ⅰ式陶壶与曾墓陶缶也很相似，戳印圆圈纹是它们的共同风格。当然，两墓出土器物又有许多相异之处。曾侯乙墓出土铜镞四千余件，可分十七种形式，然而却不见浏城桥一号墓那种短锋、长身、长铤之镞（原报告Ⅰ式中的一种），而这种镞在战国中后期甚为流行，证明是晚出形式。浏城桥一号墓出土的铜戟，内部拐弯。这也是一种晚出形式，在曾墓中不见。浏城桥一号墓以仿铜陶质礼器为主，有些陶质礼器如Ⅰ式鼎、簋等和曾侯乙墓青铜礼器有些接近，而另一些器物如Ⅱ式鼎、簠就和曾墓的同类器形制有较大距离，而与较晚的墓所出接近。这说明浏城桥一号墓应比曾侯乙墓稍晚或基本同时，断为战国早期是恰当的，定为春秋晚期难以成立。

在以上这些实例中，曾侯乙墓所起的断代标尺的作用是显而易见的。

4．考古学研究中的一些疑惑豁然开朗

关于五兵中"殳"为何物？形制与用途怎样？疑惑已逾千年。《周礼·夏官·司兵》记载："掌五兵五盾。"郑玄注："郑司农云，五兵者，戈、殳、戟、酋矛、夷矛。"《司兵》又云："军事建车之五兵。"郑玄注："车之五兵，郑司农所云者是也。步卒之五兵则无夷矛而有弓矢。"依郑氏所论，不论是车之五兵还是步卒之五兵皆有殳，然而殳为何物？形制如何？用途怎样？论者甚多，莫衷一是。

见诸文献最早者，当数《诗经·卫风·伯兮》，其中有"伯也执殳，为王前驱"。毛亨传曰："殳，长丈二而无刃。"《考工记·庐人》曰："殳，长寻有四尺……击兵同强。"郑玄注："八尺曰寻……改句（即钩）言击，容殳无刃。同强，上下同也。"贾公彦疏："改句言击，以殳长丈二而无刃，可以击打，故云击兵也。同强，上下同也者。"据此，则殳为无刃之器，不能刺，不能钩，只能击，故称之为击兵。《说文·殳部》载："殳，以杸殊人也。礼殳，以积竹八觚，长丈二尺，建于兵车，车旅贲以先驱。"同部又出"杸"字，注曰："军中士所持也。从木从殳。司马法曰：执羽从杸。"就是杸上有以羽毛装饰的旗旆。此当为仪仗用器，故无刃。夏侯湛《猎兔赋》有"拟以锐殳，规以良弓"之句，其中以"锐殳"与"良弓"相对而言。锐，利也。"锐殳"当是有刃的殳。《北堂书抄》卷一二四引《吴都赋》"干卤殳铤"，其中注曰"殳、铤皆矛也"。可知有刃之殳与矛相类。这就是说，古代的殳有两类：一类为有刃之殳，即锐殳；一类为无刃之殳，即仪仗用杸[4]。论者如是说，但两者具体形制如何？长期以来，无物可考，难以定论。入清以后的学者，有把殳视同长杖者，甚至还有谓殳为捣稻之物。周纬

《中国兵器史稿》云："殳未见有人持为研究，殳果为何种农器乎?"[5]在田野考古发掘中，殳很少有出土，偶尔有也未敢以殳名之。如1955年5月安徽寿县发掘的蔡侯墓，有两件铜质的殳头，考古发掘者以Ⅱ式矛称之，并云："二件皆三棱，出土时一件与镦同出，矛骹与镦孔内均作八方形，外圈有花纹"[6]。1973年3月，襄阳蔡坡四号墓也出土过两件殳，当时亦以三棱矛名之[7]。

曾侯乙墓出土的兵器中，有七件为三棱刮刀形有刃的矛状长柄兵器，其中三件有铭文"曾侯郎之用殳"（图二七）。殳首下还有刺球或铜箍，可见它既可刺又可击。另有十四件3米多长的杖，一端有圆形铜帽，帽顶有一半圆形钮，可以系旌旗绥带，另一端有八棱形铜镦（图二八）。前者是有刃的殳，即前引《猎兔赋》所说的"锐殳"，后者则与上述古文献中无刃殳相近。此墓简文中记有两种殳，一称"殳"，一称"晋殳"。据简文统计，前者共有七件，与出土实物相符合。后者共有九件，另有直接记"二旆"的四处，记"一旆"一处。参照记"晋殳"的句式，常写作"一晋殳、二旆"。这是指一晋殳顶端铜帽上装有两面旗。直接记为"旆"或"二旆"者，应指装有一面旗或二面旗的长杖晋殳。因此，所记晋殳共十四件，与出土实物亦相符。至于为何称"晋殳"，据裘锡圭、李家浩先生考证，这里的"晋"非指"晋国"，而是郑玄注《考工记》称"晋围"、"首围"时所云："郑司农云，'晋'谓矛、戟下铜镦也。"至此，晋殳的形制也很清楚了。它指的是长杖两端有铜套，其一端有半环铜钮可系旗、旌、绥带者称"殳首"，无铜钮者为"殳镦"。殳为何物？曾侯乙墓锐殳、晋殳的出土使这个千古难题豁然开朗。正因为这样，1973年在襄阳蔡坡出

图二七　铸有"曾侯郕
之用殳"的殳首

图二八　锐殳与晋柲（由左
至右：箍球锐殳、
刺球锐殳、晋柲首
端、晋柲尾端）

土时被称为"三棱矛"的器物，到 1985 年发表考古报告时，根据曾侯乙墓出土的殳而得以正名为殳[8]。

又如戟的形制，长期以来，论者意见不一。1930 年，郭沫若在《说戟》[9]一文中认为戈矛结合才是戟，主要特点在于有"刺"。后来，这种形态的戟屡有出土，郭老之说被视为定论。许慎《说文·戈部》曰："戟，有枝兵也。"其特点在于"有枝兵"。怎样理解"有枝兵"？过去没有实物为证。曾侯乙墓出土戟三十柄。其形制有三：三戈有刺的三柄，三戈无刺的九柄，双戈无刺的十八柄。这三十柄中有铭文的二十柄。十三柄直铭为戟，分别称戟、用戟、行戟，如"曾侯郎之戟"、"曾

图二九　青铜戟

（由左至右：有刺三戈戟、三戈戟、双戈戟）

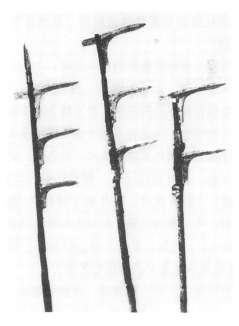

侯遐之用戟"、"曾侯邸之行戟"等。这些自铭为戟的兵器有
三戈者，亦有两戈者，多数不带刺。此墓竹简遣策有关"戟"
的记载，几乎都注明为"二果"或"三果"，"果"与"戈"古
音相近。据裘锡圭考证，大概当时的人为了区别于一般的戈，
把戟上的戈称为"果"[10]。再者，此墓墓主内棺上的漆画，其
门旁有持戟的神人神兽，所持之戟皆双戈，多数无刺，亦有带
刺者。由此可知，戟的特点不在于有刺无刺而在于"有枝兵"。
戈矛结合是有枝兵，两戈、三戈结合也是有枝兵（图二九）。
长期以来关于"戟"的形制问题，迎刃而解。

（二）有待探索的重要课题

1. 关于周礼鼎制与春秋战国时代"礼崩乐坏"僭越现象
　的探讨

我国周代有一套等级森严的礼乐制度，人们的衣食住行都
必须严格按规定行事。天子、诸侯、卿大夫、士所用的器具，
从材质到数量都有着严格的区别。由于社会的不断变化，从西
周到东周的八百年中，这套礼乐制度也不断地发生着变化。例
如，用鼎制度就处于周礼的核心地位。什么人，什么场合才能
用鼎，用多少鼎，鼎内盛些什么，都有严格的规定。《左传》
桓公二年记载："武王克商，迁九鼎于雒邑。"这说明从商以
来，直到西周，天子都用九鼎。后汉人何休为《公羊》桓公二
年所载作注亦云："礼祭，天子九鼎，诸侯七，卿大夫五，元
士三也。"这里说的也是天子才能用九鼎。

周代的鼎可分三大类，即镬鼎、升鼎和羞鼎。镬鼎用来煮
牲。把煮熟的牲肉置于鼎中，这一动作曰"升"，所以升鼎是

用来盛牲肉的。羞鼎是加馔之鼎，羞鼎的"羞"字，是滋味备致的意思。周代贵族用鼎制度以升鼎为中心，所以古人又把它叫做"正鼎"，羞鼎属于陪鼎。

除鼎以外，其它各种礼乐器也都有其使用制度。其中以鼎与簋的相配最为明确。因为鼎用来盛置牲肉，簋用来盛置黍稷。这些都在食物中占主要地位，所以当时常常把鼎、簋作为标志贵族等级的主要礼器。《礼记·祭统》中有"三牲之俎，八簋之实"的记载。所谓"三牲"，即牛、羊、豕，又称为大牢。这就是说，以八簋配大牢九鼎。郑玄注："天子之祭八簋。"《礼记·明堂位》亦有"周之八簋"的记载。《诗·小雅·伐木》曰："于粲洒扫，陈馈八簋。"以上这些都是说天子才准用九鼎八簋。然而到了东周时代，诸侯也多有用九鼎八簋的。这是否是东周时礼崩乐坏的一种僭越现象呢？论者意见不一。

俞伟超在《周代用鼎制度研究》一文中，在论证"诸侯用大牢九鼎"时写道："《周礼·天官·膳夫》：'王日一举，鼎十有二，物皆有俎。'郑玄注：'鼎十有二，牢鼎九，陪鼎三。'《国语·楚语下》韦昭注：'举，人君朔望之盛馔。'这里所谓的'王'，当为东周时期周天子的泛称。此时，周天子的用鼎制度自然是承自西周古制。但《春秋·掌客》所载'诸侯之礼'又谓凡五等爵皆'鼎、簋十有二'。郑玄亦云：'鼎十有二者，饪一牢，正鼎九与陪鼎三。'这表明当时诸侯已经僭越天子之礼。"[11]

湖北省社科院郭德维在《礼乐地宫》一书中也提到"到了东周时代'礼崩乐坏'，出现了僭越现象。各地诸侯，实际成了当地的天子，因此他们也用天子之礼。像此墓曾侯乙本只是个侯，按礼只能用七鼎，却用九件升鼎。与鼎配套使用并显示身份的是簋。天子九鼎八簋，诸侯七鼎六簋……此墓也用了九鼎八簋天子之礼"[12]。

对此，李学勤从考古学和历史文献学相结合的角度进行研究，提出了截然不同的看法。他在《东周与秦代文明》一书第十六章论述"社会等级"时，在列举了湖北京山苏家垅、安徽寿县西门大墓（蔡昭侯墓）、河南辉县琉璃阁墓甲与墓六十、湖北随县擂鼓墩一号墓（即曾侯乙墓）与二号墓、河北平山中七汲一号墓与六号墓等出土九鼎的多座东周墓的材料后指出："由这些确定的事实，知道东周时的诸侯墓都用九鼎殉葬，与何休所说的七鼎不合。对于这一现象，不少文章认为是当时'礼崩乐坏'造成的僭越现象，可是像蔡昭侯或战国时的随侯（即指曾侯），实已沦为大国下属，连保持独立地位都自顾不暇，恐不能僭用天子之礼。平山中七汲一号墓的中山王，自命维护礼制，尊奉天子，却也使用九鼎。因此，天子的用鼎数恐仍应以《周礼》为准，是十二件鼎。""《周礼·膳夫》云：'王日一举，鼎十有二，物皆有俎。'这是说天子膳食用鼎数为十二，不难推想其随葬之鼎也当有十二件之数。"[13]

对李学勤的这一见解，有表示支持者。例如，湖北省博物馆舒之梅、王纪潮在《曾侯乙墓的发现与研究》一文中说："近年来，不少学者根据西周到春秋战国十几处出土九鼎的实例分析指出，诸侯用九鼎是对礼制的破坏。从曾侯乙墓钟磬的悬制与鼎制配合来看，这种看法需要修正。《周礼·春官·小胥》记载：'正乐悬之位，王宫悬，诸侯轩悬，卿大夫判悬，士特悬。'宫悬就是四面悬挂钟磬，轩悬三面，判悬两面，特悬一面。曾侯乙编钟是呈曲尺形靠椁室西面、南面悬挂，编磬上下两层共三十二块，靠北面悬挂，正合于诸侯三面悬的轩悬之制。如果在鼎制上曾侯有僭越的话，其乐悬也会相应有所更动，成为宫悬之制。”“有学者根据《周礼·天官·膳夫》‘王日一举，鼎十有二’的记载，认为天子用鼎十二，诸侯用鼎九，大夫用鼎七。可见，曾侯乙墓十分清楚的礼乐葬制对客观分析春秋战国时期诸侯僭制的‘礼崩乐坏’状况有十分重要的意义。”[14]

亦有持异议者。如湖南省博物馆刘彬徽在《楚系青铜器研究》一书中说：“有学者认为周天子之礼为鼎十二配簋十，目前尚未发掘周王墓，不能证实，无从判断。”[15]中国社会科学院考古研究所王世民在《关于西周春秋高级贵族礼器制度的一些看法》一文中云：“应该承认，在现有资料条件下系统研究两周时期礼器制度的发展，存在两个不可克服的困难，一是对西周前期的情况所知甚少，再是天子享用的礼器组合尚无实证，这不能不对正确地判断问题有较大的妨碍。”“李学勤同志在《东周与秦代文明》一书中（207～208页）明确表示：‘天子的用鼎数恐怕仍应以《周礼》为准，是十二件鼎。’这个意见颇有道理，值得认真探讨。”“《周礼》所见礼仪制度中的常数是十二、九、七、五，而天子用十二之数。当然，在考古发现未能鉴别其可靠程度以前，仍是理想化成分较大的儒家礼说，暂时尚难同目前发现的可靠考古资料等量齐观，也就不能据以进行上下对比，肯定或否定天子之礼遭到僭越的具体情况。”[16]

综上所述，笔者认为这个问题还有待进一步探索。也许真的要待周天子墓被发掘后，有了可靠的地下考古材料来证实的时候，才有可能得出较为合情合理有根有据的结论，取得较为一致的认识。

2. 关于文化属性的探讨

曾侯乙墓发掘以来，对其葬制及出土器物所反映出来的文化传统或考古学上所称的文化属性，论者颇多，意见很不一致。大体上有三种见解：

第一种见解，认为此墓系楚国墓葬，其出土文物当为楚文物，其文化属性自当属楚文化。

有学者从战国初期楚国已相当强大，随县这一带早已属于楚国管辖，认为在楚国的范围内不可能另外出现一个曾国。这个曾侯应是楚国的封君，故此墓应为楚墓，出土文物当为楚文物。其文化属性自当为楚文化无疑[17]。

还有学者从出土青铜器中尚有无铭之器，有些器物与此前出土的楚器相同或相似，如一件漆衣箱上所写二十八宿名称中，将"軫"字写成"车"，显系因楚昭王名軫而避讳之故等，认为此墓既非曾墓，也非随墓，而是楚墓，故其文化属性自当为楚文化[18]。

还有一些楚史、楚文化或中国艺术史著作，从不同角度论述此墓出土文物及其文化渊源时，将其中一些文物直称为楚文物，如《楚艺术研究》一书的许多文章莫不如此[19]。更有甚者，有的工具书将此墓出土的曾侯乙编钟说成是并非曾国铸造，而是楚国制造的[20]。对此已有学者专文评说[21]，此处不赘。

对于上述见解，持异议者较多，不少文章、专著从多方面作过评说。首先，主持田野考古发掘的湖北省博物馆所编撰的考古发掘报告《曾侯乙墓》设了专章对此墓墓主的年代作了详细的论证，明确指出此墓为曾国国君乙的墓葬，证据确凿，言之成理。随后，报刊、杂志上相继发表了许多文章，进行了争鸣讨论。其中，曾经亲自参加过此墓发掘的郭德维所撰《曾侯乙墓并非楚墓》[22]和《楚系墓葬研究》第九章"曾侯乙墓的国属墓主与年代"，明确指出"这座墓葬应是曾国国君墓，墓主曾侯乙"[23]，其文化属性自然不能属楚。

第二种见解，此墓虽为曾国墓葬，但其地在楚国境内，曾国已沦为楚国附庸，在文化上受楚的影响极大，因此其墓可称为楚系墓葬，其出土文物可称为楚系文物，其文化属性自当为楚文化系列。

有学者从墓内出土了楚惠王所赠镈钟，镈钟上铭文表明，墓主曾侯乙系楚国所承认的侯，竹简文字中也载有楚国国王、太子、令尹及一些封君为葬礼所馈赠的车马兵甲，说明楚与曾关系密切，在文化上所受影响也很深，因此在文化属性上将其归入楚文化系列也是符合逻辑的。《楚系墓葬研究》一书，对此作了比较详细的研究，将此墓定为"楚系曾墓"（第286页），将其出土文物定为楚系文物。这就是说，它在整体上属楚文化系列，但又有自己的特点。从这点出发，有的音乐史学家，亦将此墓出土编钟称为楚式钟[24]；有的楚文化专家将此墓出土青铜器归入楚系青铜器之列[25]。

第三种见解，从文化传统的继承关系，从曾国的历史渊源及出土文物的考古类型学研究来考虑，认为此墓及出土文物的文化属性有自身的特点，是中原商周文化与南方楚文化融合的结果，是周、曾、楚文化交流的结晶。尤其是此墓出土的曾侯乙编钟及其铭文，十分鲜明地反映了这一特点。

从文化传统的继承关系来考察，以编钟为例，其乐律体系是在继承周律基础上吸收楚律之长而创立的一种前所未知的乐律体系。有的音乐家认为其成就"代表了当时中华音乐文化的最高成果，也是当时世界上的最高音乐成果"[26]。考之于编钟铭文也是如此。镈钟铭文明确记载此镈钟为楚惠王制作来赠给曾侯乙的，是典型的楚器。十九件钮钟，本身无作器铭，但钮钟铭文所载律名、阶名与甬钟铭文所见曾国律名、阶名相同，有理由说它们为曾国制造。四十五件甬钟，皆有"曾侯乙乍𡆥"，无疑为曾国自制，考其形制亦与中原出土西周甬钟有着一脉相承的传承关系。钟架亦如此，六个钟虡金人，与时代早于曾侯乙墓的山西侯马牛村出土的男子陶范及山西长治汾水岭出土的佩剑青铜武士十分近似，有着明显的传承关系。其木质横梁、圆柱的髹漆及纹饰，却有着明显的楚国漆器的风格。因此，不少学者将其成就归于中原周文化与南方楚文化相互交流的结果，认为是周、曾、楚文化融合的结晶。

再从历史渊源来考察，曾国本姬姓诸侯，为宗周后裔。钟铭中提到的与曾国有交往的几个国家或地区，除楚以外，有周、晋、齐、申，晋亦为与宗周同姓的姬姓诸侯，齐与申为姜姓封国，分别为太公、伯夷之后，显然他们都是源于周。这就是此墓的文化传统以中原周文化占主导地位的历史渊源所在。当然，由于曾国与楚国交往密切，其地理位置正好处于中原周文化与南方楚文化犬牙交错之地，也就是中原黄河文化与南方长江文化的结合部，因此受两者的影响，形成自己的鲜明特色，成为周、曾、楚文化的融合体也是必然的。

从考古类型学的角度对出土器物进行考察，结论亦大体如此。尽管不少器物明显受楚文化影响，有楚器风格，如青铜礼器中的束腰平底鼎、小口鼎，漆器中的髹漆以红黑对比为主，纹饰风格也为南方楚漆器所常见，但对器物造型、纹饰、风格进行总体观察，占主导地位的仍然是中原两周文化因素。已有不少学者对此作过详细论述。例如，武汉大学历史系杨宝成、黄锡全在他们主编的《湖北考古发现与研究》一书的"曾国铜器"一节中指出："曾侯乙墓中采用以九鼎八簋为中心的铜礼器配置形式，系对周礼制的继承，其器形和纹饰亦更多地体现了中原文化的特征。而从盖鼎、小口鼎等少数器形上亦表现出楚文化的影响。"[27]

看来，关于曾侯乙墓文化属性的问题，还有待进一步的探索。

注　释

[1] 夏鼐、王仲殊《考古学》，《中国大百科全书·考古学》第 1～3 页，中国大百科全书出版社 1986 年版。

[2] 谭维四《钟磬和鸣当惊世界殊——曾侯乙墓发掘追忆（中）》，《收藏》76 期（1999 年 4 月）第 7 页。

[3] 周永珍《寿县蔡侯墓》，《中国大百科全书·考古学》第 480 页，中国大百科全书出版社 1986 年版。

[4] 裘锡圭、李家浩《曾侯乙墓竹简释文与考释》，《曾侯乙墓·附录一》第 505 页，文物出版社 1989 年版。

[5] 周纬《中国兵器史稿》102～103 页，三联书店 1957 年版。

[6] 安徽省文物管理委员会、安徽省博物馆《寿县蔡侯墓出土遗物》第 8 页，科学出版社 1956 年版。

[7] 程欣人《古殳浅说》，《江汉考古》1989 年第 2 期。

[8] 湖北省博物馆《襄阳蔡坡战国墓发掘报告》，《江汉考古》1985 年第 1 期。

[9] 郭沫若《殷周青铜器铭文研究》，科学出版社 1961 年版。

[10] 同 [4]。

[11] 俞伟超《周代用鼎制度研究》，《先秦两汉考古学论集》第 69 页，文物出版社 1985 年版。

[12] 郭德维《礼乐地宫·曾侯乙墓发掘亲历记》第 105 页，四川教育出版社 1996 年版。

[13] 李学勤《东周与秦代文明》第 207～208 页，文物出版社 1984 年版。

[14] 舒之梅、王纪潮《曾侯乙墓的发现与研究》，《鸿禧文物》第 2 期（湖北先秦文化论集），台湾鸿禧艺术馆 1992 年 12 月出版。

[15] 刘彬徽《楚系青铜器研究》第 501 页，湖北教育出版社 1995 年版。

[16] 王世民《关于西周春秋高级贵族礼器制度的一些看法》，《文物与考古论集》第 162～164 页，文物出版社 1986 年版。

[17] 徐杨杰《关于曾侯问题的一点看法》，《江汉论坛》1979 年第 3 期。

[18] 曾昭岷、李瑾《随县擂鼓墩一号墓年代、国别问题刍议》及《随县擂墓断代补论》，分别刊载于《武汉师范学院学报》1979 年第 4 期，1982 年第 2 期。

[19] 湖北省文联图书编辑部、理论研究室编《楚艺术研究》，湖北美术出版社 1991 年版。

[20] 武冈子主编《曾侯乙墓编钟的由来》，《大中华文化知识宝库》第 996 页，湖北人民出版社 1993 年版。

[21] 谭白明《曾侯乙编钟并非楚国制造》，《江汉考古》1994 年第 3 期。

[22] 郭德维《曾侯乙墓并非楚墓》，《江汉论坛》1980 年第 1 期。

[23] 郭德维《楚系墓葬研究》第 292 页，湖北教育出版社 1995 年版。

[24] 李纯一《中国上古出土乐器综论》第 177 页、第 179 页，文物出版社 1996 年版。

[25] 刘彬徽《楚系青铜器研究》，湖北教育出版社 1995 年版。

[26] 童忠良《曾侯乙编钟乐律与楚文化》，湖北文联理论研究室《文艺之窗》1989 年第 13 期。

[27] 杨宝成、黄锡全主编《湖北考古发现与研究》第 176 页，武汉大学出版社 1995 年版。

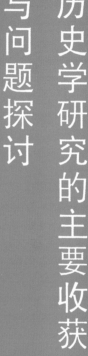

三　历史学研究的主要收获与问题探讨

（一）　曾、随之谜

关于两周时期曾国历史与地望的讨论，在我国学术界由来已久。早在北宋时，在今湖北安陆一带就曾发现过两件有铭文的曾侯钟。其铭文曰："隹王五十又六祀，返自西旸（阳），楚王酓（熊）章，乍（作）曾侯乙宗彝，奠（奠）之于西旸，其永𧥣（持）用享。"这应该是楚惠王在公元前433年为曾侯乙所作的祭器[1]。1933年安徽寿县朱家集楚王墓又出土了一对大型的曾姬壶，刻有"隹王廿又六年，圣桓之夫人曾姬无邮……作宗彝障壶，后嗣用之……"等铭文。刘节先生在《寿县所出楚器考释》一文中指出：这里的"曾"不是古书中常见的姒姓曾国，而是一个姬姓诸侯国，是附庸于郑国的。"曾人之足迹北起郑郊，南及光州，西起南阳，东抵睢州"，也就是在今河南省的中南部[2]。

1966年7月，湖北省京山县宋河区坪坝公社苏家垅发现了一批西周晚期至春秋早期的铜器，共九十七件。其中十件有铭文，六件铭为"曾侯中子斿父自作鬻彝"（鼎两件）、"曾中斿父自作宝甫"（豆两件）、"曾中斿"父用吉金自作障壶"（方壶两件）。1972年，湖北省博物馆在整理这批材料时，请教古文字学家张政烺先生。他热心为之检索古籍，指出两周时期有三个曾国，"曾"字既可从邑作"鄫"，亦可从丝作"缯"。它们一个在今山东峄县，一个在今河南柘城西北，一个在今河南南阳附近。它们的族姓，山东之鄫、河南柘城之缯，史有明文，皆为姒姓。南阳之缯，据西周早中期周王室多次派兵征伐江汉一带，并大封姬姓之国的史实，以及《国语·郑语》"申、缯、西戎方强，王室方骚，王若伐申，而缯与西戎会以伐周，周不守矣"等的记载，这个与申邻近的缯国可能是西周早中期周王室在江汉流域所封的姬姓之国。它到西周晚期已经强大起来了。据此，湖北省博物馆在简报中写道："这次湖北京山发现的曾侯铜器，应当属于在湖北境内的姬姓曾国。"[3]

此后，在湖北的随县、枣阳、京山、襄阳及河南新野又连续有一些有铭文的曾国铜器出土。此外，武汉市文物商店和上海博物馆也征集或收藏有铭为曾国的铜器。因此，关于曾国历史和地望的研究，在我国学术界更加热乎起来了。

1978年，随县擂鼓墩一号大墓出土了数以百计的有曾侯铭文（曾侯郎、曾侯遲、曾侯乙）的铜器，同时出土的一批竹简的文字多达六千六百余字。这将由来已久的对曾国历史与地望的讨论推向了新的高潮，并引发了曾、随关系问题的激烈争论，出现了多种说法：

1. 曾、随为同一国家之说

1978年夏，擂鼓墩田野考古发掘尚在进行的时候，我国学术界许多著名学者纷纷到达发掘现场。他们参观了出土的文物，广泛收集了资料，在发掘工地举行的学术讨论会、报告会、演讲、座谈中，纷纷发表了自己的见解。6月10日，武汉大学历史系教授石泉在应邀向全体考古队员作题为《古代曾国——随国地望初探》的学术报告时，首先提出了"曾、随为同一国家"的见解。他的报告列举了近年来在湖北省随枣走廊和豫西南、鄂西北之间南阳盆地南部出土的大量有铭文的曾国青铜器及这一地区大量的历史地理学调查资料，并将它们与古代文献记载作了对比研究后指出："近年来，一系列曾国器物在随枣走廊及南阳盆地之出土，特别是最近发掘的随县擂鼓墩'曾侯乙'大墓的收获，是考古界对于研究荆楚地区古文化的又一项重要贡献。考古材料中的曾国和文献记载中的随国，时限一致，地望（特别是在今随县一带）重合，族姓相同，而在现有的曾器铭文与有关随国的史料中，又未见此二者的名称并存。凡此迹象，似只有把曾与随理解为同一诸侯国的不同名称，才讲得通。"[4]

时隔不久，中国社会科学院历史研究所研究员李学勤，在1978年10月4日《光明日报》"文物与考古"副刊第92期上发表了《曾国之谜》的文章，在公开的报刊上首倡曾、随同一国家之说。文章在简述了关于这一问题在我国学术界研究的历史情况后，列举了近一个时期以来在湖北随县、京山、枣阳及河南新野等地屡有曾国铜器出土的例证，指出："由此可见，从春秋初年一直到战国前期，姬姓曾国始终是存在的。湖北随县擂鼓墩曾侯大墓的发现进一步证明了这一点。然而，在有关这一时期历史的古代文献里，却完全找不到姬姓曾国的史料，特别是《左传》对汉水以东各小国以及楚国向该地区发展的情形，都有详细的记述，但也没有'曾国'字样……这不能不说是一个谜。"接着，他明确指出："我们认为，姬姓曾国不但在《左传》里有记载，而且有关的记事还很多，只不过书里的国名不叫做'曾'罢了。大家知道，当时有的诸侯国有两个国名，例如河南南阳附近的吕国又称为甫，山东安邱的州国又称为淳于。从种种理由推测，汉东地区的曾国，很有可能就是文献里的随国。"

1979 年 4 月，随县城郊义地岗季氏梁春秋墓葬出土了两件有铭铜戈。其铭文分别为"穆侯之子，西宫之孙，曾大攻（工）尹季怡之用"，"周王孙季怡孔臧元武元用戈"[5]。李学勤据此指出："季怡是曾国大工尹，戈铭的穆侯自是曾之先君，西宫是曾穆侯之子，季怡为西宫的后人，他乃是曾国的公族，其任大工尹（系朝中显官）官职当即由于这样的缘故。他为什么又自称为'周王孙'呢？这只在一种条件下才有可能，就是说曾侯本来就是周王的宗支。因此，这两件季怡戈是非常重要的证据，说明曾的确是周朝分封的同姓国，并且和王室有较近的血缘关系。"这种情况恰好和史籍所载随国的情况相合。史称，随为汉东姬姓大国，是周王的支裔。李氏还指出："戈铭的职名大工尹还可以证明，当时曾国有自己一套符合诸侯身份的官制，并未沦为楚的封君。擂鼓墩大墓竹简也反映出同样的情形。如果曾不是随，在随县哪里还有另一个姬姓诸侯国呢？"又据出土的楚王酓章镈钟及曾姬壶等考古资料的推定，这个姬姓曾国的存在时间下限直到公元前 400 年前后。因此，李先生进一步指出："汉淮间诸小国能维持到战国初年不灭的，只有随国，这是曾即随的又一有力证据。"[6]

曾、随为同一国家之说，经南北两大名家首倡，在我国学术界引起了强烈反响，和者甚众，反对者有之，另辟新说者亦不乏其人。

已公开见诸报刊的众多支持者，结论大体相同或相似，但其依据各有侧重，许多见解也各有其独特的理由。例如，方酉生 1981 年发表的《有关曾侯乙墓的几个问题》一文，在列举了历年来在湖北随县、安陆、京山、枣阳以及河南新野等地出土曾国铜器的实例后指出："曾国和随国实际上是否同一个国家的问题，只是叫法上不同而已。我们有一种设想，也许周天子当初封的是曾侯，而以后建都于随这个地方，别人就叫他随侯、随国，但他自己则一直称曾侯。"因此，曾国即随国，曾随合一说的可能性，从目前来看是很大的，并不能排除掉。"[7]

舒之梅、刘彬徽发表在《江汉论坛》1982 年第 1 期的《论汉东曾国为土著姬姓随国》一文，用大量的考古资料结合历史文献的记载，首先论述了曾国为汉东土著，并非从北南迁而来。其次论证了汉东曾国为姬姓，世居以随县为中心的随枣走廊。从而得出结论：汉东姬姓曾国即随国。文章指出："据考古资料，从商代到战国中期，汉东一带有一个曾国，且是姬姓；这一带在原始氏族阶段，就有姬姓氏族或部落活动，后来出现于这里的姬姓曾国，当系由其发展而来。因此我们说这个曾国是当地一个古老的姬姓国家，即土著。由于这个曾国与文献记载中的随国，族姓相同，地望重合，存在时代一致，所以我们认为二者为一国二名。但是，何以有曾、随两个名称，则有待于进一步研究，或可期望于往后出土的材料来解决吧？"

此后，1989 年，湖北省博物馆在编撰考古发掘报告《曾侯乙墓》时，在第五章第二节中列举了目前学术界几种不同看法后，明确表示"我们倾向于第一种意见（即曾随同一国家说），理由比较充分，矛盾比较少"。

2. 曾、随不可混同之说

1978 年，擂鼓墩一号墓发掘尚在进行的时候，来工地参观考察的华中师范学院历史系教授李瑾、武汉师范学院中文系教授曾昭岷获悉有曾、随同一之说，就提出了反对意见。他们认为此说的前提不能成立。因为春秋时代汉东淮西诸国铜器未见者尚多，如申、弦、道、柏、唐等诸国。未必这些尚无铜器出土的国家全都有两个名称，而且还是以别国之名为名。同时，他们还认为擂鼓墩一号墓的年代并非春秋、战国之际，其时随国已灭、曾国早亡。此墓只能是一个楚国贵族之墓。它与曾、随两国都没有任何联系。随后，两位在联名发表的《曾国和曾国铜器综考》一文中，专设"驳曾国即随国说"一章作了详细阐述。其主要论点如下：（1）"春秋以前虽然同时存在有几个曾国，但全是姒姓之国，不仅书面文献载有明文，而且铜器铭辞中存在有确凿的内证。随为姬姓之国，历代文献中全无异辞。"因此，两国族姓相同之说不能成立。（2）"随、曾两国皆为楚所灭，故随县擂鼓墩战国晚期楚墓中出有'曾侯乙'诸器，盖出历史之必然。然而却不能因随县出有曾国铜器便得出'随国即曾国'的结论。"[8]

1980 年，杨宽、钱林书联名发表《曾国之谜试探》，对曾、随同一之说，提出了否定的看法，认为"曾国和随国不可能是一国两名"。其理由有三：（1）曾、随同一说者的主要理由之一是"随县均川出土有曾国国君曾伯文的铜器，随县近郊又发现了曾侯乙墓，国君的墓葬应该在其国都，而随县正是随国的国都所在"。他们认为这个理由是不充分的。第一，春秋战国时代各诸侯国国君的墓葬不一定在国都。第二，根据楚王龛章镈钟铭文，战国初期曾的国都在西阳而不在随。（2）从文献记载来看，随国原是汉东姬姓诸侯中较大的，所谓"汉东之国，随为大"（《左传》桓公六年）。但是，它从春秋前期起，逐渐沦为楚的附庸，到战国初年已不可能是一个有强大实力的独立的诸侯国。而从随县近郊发现的曾侯大墓来看，直到战国初期，曾国还是一个拥有较大经济力量的独立的诸侯国，并没有沦为楚国的附庸。墓中出土竹简记载曾侯乙死后，赠车的人有楚王、太子、令尹以及楚的封君如鲁阳君、阳城君、坪夜君、郙君等。与此同时，楚惠王还专门铸造编钟来作为曾侯宗庙中的礼器。楚王以及楚的封君对曾侯这样高的礼遇，正说明曾侯还保持诸侯地位。这与担任楚国胜利品的看守者的"随人"（《左传》昭公十七年）相比，显然地位不同。再从此墓中显示身份等级的九鼎八簋之类铜礼器以及编制庞大的整套编钟、编磬来看，从此墓中出土竹简有大批与楚国大臣相同类型的官名来看，显然也说明这时曾侯具有诸侯的身份。因此，它与文献记载的随国不可能是同一国家。（3）至于一国两名说。"古时一国两名，都有它一定的原因，多数由于迁居或迁都，这在文献上都有明确的记载。但是，所有出土曾国铜器铭文都一律称'曾'，而所有文献记载讲到随国的又一律称'随'，丝毫看不出其中有一国两名的关系。我们认为，以考古发现的曾国和文献记载的随国来看，随国在西周时已存在，曾国也在西周时已与随国同时并存，不可能是一国"[9]。同时，他们还认为曾国就是文献上的"缯国"或"鄫国"，并列举大量历史文献与考古材料作了详细论述。

3. 随灭曾，延姬姓宗嗣之说

1979年春，国家文物局古文献研究室研究员于豪亮在中华书局当年出版的《古文字学研究》第一辑上发表题为《为什么随县出土曾侯墓》的文章，首倡此说。文章首先指出，从随县曾侯墓所出镈钟上的铭文来考释，此镈钟为楚惠王五十六年（公元前433年）所作。这里的曾侯是姬姓。据文献记载，随县及其附近地区在春秋和战国初年为随国之地。为什么在随国境内竟然会有曾侯墓呢？于氏从研究随国与曾国的历史入手，对大量历史文献作了考察后得出结论："即曾侯就是随侯，是随灭曾后改称为曾之故。"

先看随国。《国语·郑语·史伯为桓公论兴衰》韦昭注"应、蔡、随、唐，皆姬姓也"，又据《左传·桓公六年》正义引《世本》、《太平寰宇记》卷一四四引《世本》、《路史·后记十》注及《国名纪五》等也都谓随为姬姓，可见"随是西周时姬姓的封国"。春秋前期，楚国逐渐强大，随国虽然不如楚国强大，却也是汉水东面的大国，常常同附近的小国联合起来抗拒楚国，楚随之间常有征战。公元前640年（楚成王三十二年），"随以汉东诸侯判（叛）楚。冬，楚斗谷于菟伐随，取成（城）而还"。随国成了楚国的属国。又到公元前506年，吴人侵楚入郢，昭王奔随，随侯保护了昭王。从此，楚、随关系发生了重大变化，由敌视变为友好（以上诸事见《左传·定公四年》）。同时，这也说明当时的随国还是具有相当实力的诸侯国。《春秋·鲁哀公元年》载："楚子、陈侯、随侯、许男围蔡。"此楚子为昭王，是年为楚昭王二十二年（公元前494年）。随虽是楚的属国，但楚仍尊随为侯。此时距昭王的儿子惠王赠给曾侯乙镈钟只有六十一年。

再看曾国。于文说："曾侯的曾，在古籍中亦写作鄫或缯，是一个古国，是夏之后，姒姓。"其地望似在距南阳不远，西南与申国接壤，故在周幽王时与申国共召西戎以伐周，杀幽王于骊山下。同时，其南又与随国接壤，所以后来被随所灭。

"据此，我们就可以明白为什么随县会有曾侯墓出土，也可以明白姒姓的曾为什么会变为姬姓的曾了。"结论就是"随

灭了曾，并迁都于曾的国都——也许就是西旸，因而自称为
‘曾’。类似事例，古籍不乏记载。如《史记·韩世家》：哀侯二
年，灭郑，因徙都郑。《索隐》按：《纪年》魏武侯二十一年，
韩灭郑，哀侯入于郑，二十二年，晋桓公邑哀侯于郑，是韩既
徙都，因改号曰郑。故《战国策》谓韩惠王曰郑惠王，犹魏徙
大梁称梁王然"。因此，于豪亮强调指出："韩灭郑后，迁都于
郑，改称为郑。那么，随灭曾后，迁都于曾，当然可以改称为
曾。韩改称为郑，不少的古籍仍然称之为韩。同样的理由，随
虽然改称为曾，古籍中仍然称之为随。""随本来是姬姓，因此
这一带出土的一些关于曾的器物的铭文自然表明也是姬
姓。"[10]

4．曾灭随，据其国土之说

以故宫博物院研究员顾铁符为代表，持此观点。顾先生是
较早到达发掘工地，自始至终参加了现场发掘的老一辈考古学
家。他在充分掌握了第一手考古发掘资料的基础上，对有
关曾、随的历史文献作了深入研究，较早地提出了这一观
点，并在《中国历史博物馆馆刊》1980年第2期作了公开论
述。

他从文献史料的研究中，认为史载周初有三个曾国，写作
曾、鄫或缯，写法不同，实际只是一个曾氏，是一个很古老的
民族集团。史载的三个曾国都是其后裔，但他们后来都被别国
所灭。山东的"鄫"到鲁襄公十六年（公元前557年）被莒国
所灭。河南柘城县北的"缯"，在鲁昭公四年（公元前538年）
被鲁国灭掉。另一个曾国，在今河南省的西南部，亦即历史上
与中国共同"召西戎以伐周'，打败西周幽王，帮助周平王建
立了东周王室的曾。但是，这个曾是什么时候受封于周王朝，

始封是谁，封的什么爵位，后来又被谁所灭，于史无载，亦无从查考，成了"一个一直没有弄清楚的问题"。

而随国什么时候受封，始封的是什么人，人们也一无所知。不过，其地始终是在今湖北随县一带，与楚国为邻，是可以肯定的。它是汉水之东的一个姬姓侯国，因封地在两湖盆地的东北隅，条件好，地方宽广，所以有"汉东诸国随为大"之誉。这时的楚国虽然是一个芈姓子国，但受封之后有较大发展，所谓"至熊渠始大"，是英姿焕发正在一天天壮大起来的国家。正因为这两者一个是与周王朝同姓的姬姓，一个是异姓，同时都是长江以北汉水两岸比较大的国家，因而在史籍中留下了许多彼此征伐与友好往来的史事。其中许多问题使后人很不容易理解和不好理解。现在，以随枣走廊为中心，南至京山，北到河南新野以及在随县、枣阳、谷城等地，出土了不少有曾氏铭文的铜器，"也许就是他们在这里活动所留下的脚印。而随国是楚国一次又一次征伐花费了相当大的代价而没有能够消灭掉的心腹之患"。顾铁符认为，可能就是在这样的情况下，以楚国为后台，唆使曾氏钻进随国去，进行颠覆活动取得成功，把姬姓的随国一变成为姒姓曾氏的随国。从此，楚和这个新的随国，永远结束了兵连祸结的历史而代之以血肉相连、生死与共的关系。从而就有了吴师入郢、昭王奔随、随人拒绝交出昭王以及申包胥哭秦庭、秦人助楚复国、楚惠王为曾侯乙铸镈钟等一系列故事的发生。曾侯乙墓的这个"曾"，正是在楚的帮助下灭了随国而建立的曾国[11]。

此外，还有持早期曾国已被楚所灭，楚灭随以后，又在随的地方，分封了一个曾国之说。湖北省社会科学院研究员徐杨杰就持这种观点[12]。

曾侯乙墓发掘至今已二十多年了，这一问题至今还是个谜，学术界难于达成一致的意见。看来，尚有待更多考古资料的出土。不过，对于这一问题的研究与争鸣，确实大大推进了历史学的研究，尤其是大大推动了湖北地方历史的研究，促进了地方历史学研究的发展与繁荣，以致近几年来在有关中国通史、湖北通史、随县地方历史书籍中已将其列为重要课题加以探讨。

由白寿彝主编的《中国通史》第三卷第六章"楚与汉阳诸姬"一节中写道："汉阳诸姬，以随为大，楚数次出兵征伐，也不能使它屈服。申、息被灭后，随更加势单力薄，但是它一直延续到战国时期。1975年南阳境内陆续发现申吕等国古墓。1978年，又在随县擂鼓墩发现了一座曾侯乙的大墓，其出土青铜器大部分都有曾侯之名，与宋代安陆县出土的楚王酓章镈铭文基本相同。镈器是楚惠王奠祀曾侯乙之物。为什么在随国竟有曾侯乙墓葬及如此多的器物呢？考古学者与史学者认为这个曾侯墓是在灭随后由别地迁来的。也有人直接了当地认为曾就是随，与姬姓之鄫无关。"[13]

1994年，由湖北省社会科学院历史研究所编撰，湖北教育出版社出版的《湖北简史》第二章"楚对江南的开发"一节中，在说到"楚境诸侯"时就这样写道："汉阳诸姬中的随，可能即1978年发掘的著名曾侯乙墓的'曾'。因从出土文物与文献记载看：他们族氏相同，地域相同，时代一致。因此曾国即是随国。一国二名，如楚又称荆。"

1996年，由湖北中国历史学会、中共随州市委宣传部编撰的《中国历史文化名城随州》一书，在第三章第一节"随曾之谜"中称文献中未见曾国，却有一个与曾国在姓氏、疆域、年代诸方面均十分吻合的随国，而且在随国的都城附近竟然发现了曾国国君和朝臣的墓葬。这一奇特现象，引起了人们的深思：如曾和随为两国，何以在一地？为了便于对随州历史的探讨，他们在充分吸收现在研究成果的基础上，特从几个方面对曾随关系作了探索。由于曾随姓氏相同、曾随疆域相合、曾随年代相当，"所以我们也倾向于曾随一国二名的说法。但对于何以会一国二名，学术界仁智互见。这的确是一个难以回答的问题"[14]。

（二）曾、楚关系

曾国铜器出土地点多在随枣走廊，北及河南新野，南到安陆、京山。这一带本是曾国的心腹区域，但同时又恰是江汉平原通往中原的要冲，是楚国问鼎中原的必经之地。因此，注定了曾、楚在这一带的频繁交往。研究曾、楚之间交往的历史，对于研究楚国历史、文化及湖北地方历史均有着重要的意义。曾侯乙墓的发掘，为这一研究提供了大量的实物资料，使人们获得了许多新的认识。

1. 楚惠王为曾侯乙铸"宗彝"

此墓编钟中的镈钟铭文，明确记载了楚惠王在公元前433年为曾侯乙铸赠镈钟一事。宋代安陆出土的两件同铭编钟也记载了同一件事。由此可知，楚王所赠编钟当有多件。编钟为礼乐重器，在我国考古发掘中，一国君主为他国君主铸造宗彝目前仅此一例，非同寻常。再从曾侯乙编钟下葬时编悬情况来看，在坑内钟架上悬镈钟处原本有一较大甬钟。为了将此镈钟悬于这一居中的显著位置，曾侯王室葬仪的主持者，特将此处所悬甬钟移开，并挤掉了一个最大的甬钟，没有下葬。

曾国宫廷对楚王所送镈钟为何如此重视呢？学术界对此早有研究，并表示了不同的观点。持曾、随同一国家说者认为，史载公元前506年，吴国大军在孙武、伍子胥指挥下攻进楚国郢都。楚昭王（惠王的父亲）仓皇出走，逃亡到随国。吴人尾追而来，要求随君交出楚王，允许把汉水以东土地划归随国作为交换条件。那时，楚昭王躲在随国公宫以北，吴军进抵公宫以南，局势相当危急。随君不顾吴国的威胁利诱，对吴人说："以随之辟小，而密迩于楚，楚实存之。世有盟誓，至于今未改。若难而弃之，何以事君？执事之患，不唯一人。若鸠楚竟，敢不听命？"[15]随君拒绝交出楚王，使楚赢得了时间。随后，楚国大夫申包胥赴秦求援："立依于庭墙而哭，日夜不绝声，勺饮不入口。七日，秦哀公为之赋《无衣》[16]，九顿首而坐。秦师乃出。"[17]就这样，楚国在秦军的帮助下，得以复国。因此，李学勤先生估计曾侯乙就是保护了楚昭王的随君的后裔，楚惠王铸镈钟来祭奠他，正是报德之意[18]。反对曾、随同一说者则认为，楚惠王给曾侯乙以很高礼遇，是当时曾侯所处地位和楚王政治斗争的需要所决定的，不可能出于报德之意。楚惠王给曾侯乙赠镈钟一事与随国无关[19]。不管曾、随关系如何，此事反映出曾、楚关系历来密切，非同寻常，则是可以肯定的。

2. 简文所见曾、楚关系十分密切

曾侯乙墓出土竹简二百四十枚，简文六千六百九十六字，内容为参加葬仪的车马兵甲及馈赠者的清单，其中反映曾、楚关系的材料不少。首先，记载为曾侯乙馈赠车马的有王、大（太）子、命（令）尹、鲁（或作"遽"）鷈（阳）公、鷈

（阳）城君、坪（平）夜君、郯君等。鲁阳公和阳城君在历史
上都有据可查。他们都是楚国的邑君。平夜君、郯君亦当为楚
国的邑君。由此可知，王、太子、令尹也当是指楚国的王、太
子和令尹。这就说明曾侯乙同楚国的王公贵族有着密切关系，
死后得到他们的馈赠是合情合理的。或者说，此时曾国已沦为
楚国的附庸，对楚王等人的称呼同楚国人对楚王的称呼一样也
是可能的。

　　其次，墓内竹简所记曾侯乙葬仪中御者的官衔（不是所有
御者都有官衔），有宫厩尹、宫厩龄（令）、审畧龄（令）、新
官龄（令）、右龄（令）、差（左）龄（令）、邻连躩（敖）等。
这些御者按理说都应该是曾侯乙自己的属下，是曾国的官员，
但是他们的官名却多与楚国的相同。例如，"宫厩尹"，《左传·
襄公十五年》载"楚公子午为令尹……养由基为宫厩尹"，《左
传·昭公元年》载"楚公子围将聘于郑……宫厩尹子哲出奔
郑"。又如"连敖"，在荆门包山二号墓楚简 6 号简文中，即有
"新官连躩（敖）"的记载等。

　　再者，简文所记赠马者也有很多官名，如左尹、右尹、大
攻（工）尹、大（太）宰、少币（师）、左司马、右司马等。
它们或屡见于历史文献，或屡见于出土的楚国简牍，亦为楚国
官名。例如，"左尹"、"右尹"，《左传·宣公十一年》有"楚左
尹子重侵宋"，《左传·成公十六年》有"楚子救郑……右尹子
莘将右"。荆门包山二号墓墓主就为楚国左尹，同墓竹简上有
明确记载。又如，"大攻（工）尹"，在"鄂君启"铜节上就有
"……大攻（工）尹睢以王命命集尹愁□……为鄂君启之府商
铸金节……"的铭文。

　　以上这些例证能说明什么呢？学术界有两种解释：一说

"显然是曾国采用了楚国的官制，足证楚对曾影响之强烈"[20]。另一说则认为"楚国职官名称，除了少数几个创自楚国而外，绝大多数袭自殷商"[21]。前面已提到的 1979 年随县城郊义地岗季氏梁春秋墓出土的两件铭为"季怡"的铜戈，物主官居曾国的"大工尹"，自称为"周王孙"，说明曾的确是周朝分封的同姓国，并且和王室有较近的血缘关系[22]。他的"大工尹"的官名和楚一样当是袭自于周，而决不可能是仿自于楚。两种见解虽然相左，但曾墓竹简所见这诸多迹象，反映出曾、楚关系十分密切则是显而易见的。

（三）人殉问题及曾侯乙所处时代社会性质的探讨

曾侯乙墓共有殉葬人二十一位，分别埋在木椁的东室和西室。东室八位，西室十三位，均入殓于木棺，并有少量随葬品。此外，东室还有殉狗一只，北室有木片俑一件。对这一现象，学术界甚为关注，展开了多方面的研究。时任国家文物局局长的王冶秋同志在现场考察后，对人殉问题也表示了极大关注，并希望大家更加深入地开展研究[23]。

1. 殉人骨架的检测与殉葬方式的研究

田野发掘尚在进行的时候，考古发掘队由李天元主持，先后约请了中国科学院古脊椎动物与古人类研究所张振标、湖北医学院解剖教研室莫楚屏来到现场，对出土的全部遗骨进行了检测鉴定。二十一位殉葬者均为女性。东室八位已成年，最长者约 26 岁，最小者约 19 岁，身高在 140.7～155.7 厘米之间。西室十三位有五位尚未成年，最小的约 13 岁，最大的约 24 岁，身高在 141.8～161 厘米之间。其详情见下表：

陪葬棺内殉葬者性别、年龄、身高鉴定表

棺号	性别	年龄	身高（厘米）	附　注
E·C·1	女	20±	149.1	
E·C·2	女	26±	143.8	1. 此墓出土人骨架，在发掘工
E·C·3	女	24±	154.8	地即请中国科学院古脊椎动物与古
E·C·4	女	19±	140.7	人类研究所张振标先生作过一次鉴
E·C·5	女	25±	141.8	定。发掘出来全部文物资料运到省
E·C·6	女	22±	155.7	博物馆后，又由湖北医学院（现湖
E·C·7	女	23±	149.9	北医科大学）莫楚屏先生和省博物
E·C·8	女	21±	150.3	馆李天元同志对其进行了仔细观察
W·C·1	女	24±	148.6	与详细测量鉴定。本表所录数据依
W·C·2	女	23±	149.5	后一次为据。
W·C·3	女	15±	146.5	2. 详细材料可参阅《曾侯乙
W·C·4	女	14±		墓人骨研究》，《曾侯乙墓》，文物
W·C·5	女	16±		出版社 1989 年版。
W·C·6	女	15±		3. 骨骼保存基本完整，未见
W·C·7	女	24±	155.3	刀砍斧伤及被毒杀的痕迹。
W·C·8	女	20±	149.3	
W·C·9	女	21±		
W·C·0	女	13±		
W·C·11	女	18±	143.6	
W·C·12	女	24±	141.8	
W·C·13	女	23±	161.0	

陪葬者生前的身份，从其所用葬具、在椁室内的陪葬位置、与墓主木棺及墓内随葬文物的关系来分析：东室的八位，因为她们与墓主人埋在同一室内，当为墓主人近侍妃妾或宫女。其中六位在主棺之东，木棺呈一字式平行排列。木棺制作较讲究，内面均髹黑漆，表面有一具（E·C·3）髹红漆，余均黑漆为地绘红彩。髹红漆者体积最大，放置居中，其中的殉葬者有可能为墓主的爱妃。其余五位有可能为近侍妃妾。主棺之西的两具木棺（E·C·1、E·C·2），位于东室通向中室的门洞旁，与狗棺为伍，生前地位应比前六位要低，有可能为墓主人

生前的近侍宫女。在我国古代，君王死后，妃妾宫女为之殉葬，历史文献中不乏记载。刘向《列女传》卷五载："(楚)昭王燕游，蔡姬在左，越姬参右。王亲乘驷以驰逐……既欢，乃顾谓二姬曰：'乐乎？'蔡姬对曰：'乐！'王曰：'吾愿与子生若此，死又若此。'蔡姬曰：'……固愿生同乐，死同时。'王顾谓史书之：'蔡姬许从孤死矣。'乃复谓越姬。越姬对曰：'……妾不敢闻命。'……居二十五年，王救陈，二姬从王，病在军中……越姬曰：'大哉君王之德以是，妾愿从王矣……请愿先驱狐狸于地下'……遂自杀。"此爱姬自愿殉君的实例。《史记·秦始皇本纪》曰："九月，葬始皇骊山……二世曰：'先帝后宫非有子者，出焉不宜。'皆从令死，死者甚众。"从上述这些记载来看，对曾侯乙墓殉葬者身份的推断应该是可信的。

西室的十三位陪葬者，也都是棺葬。她们的年龄较小，葬在有编钟、编磬及大量青铜礼乐器的"宴乐大厅"(中室)旁边，并有门洞与之相通。此室除了十三具陪葬棺，别无他物。据此推断，她们很可能是墓主人生前的歌舞乐伎，或称乐舞奴婢。类似的以乐舞奴婢殉葬之事，史籍亦有记载。例如，《汉书·赵敬肃王传》中有彭祖的后人膠王元"病先令，令能为乐奴婢从死。迫胁自杀者凡十六人"。

这些殉葬女是以怎样的方式从死而葬的呢？据史籍记载和考古发掘所知，自有人殉以来，殉者从死的方式多种多样。有被活埋的，如河北藁城台西商代前期的一号墓，"在西阶上殉葬未成年女孩一人，两腿相交，两臂上屈，似是捆绑所致"，显然是被活埋的[24]。又如山东省益都县苏埠屯一号商代大墓"中心腰坑里，殉人的腿骨已经折断，像是活埋的"[25]。有被斩杀后整体埋葬或肢解后埋葬的，殷墟王陵所见甚多。有的则是迫其"自尽"（上吊、自缢）或"不食死"（饿死）后而埋葬的，参见《明史》。还有的则是采取"赐死"（赐殉）的办法，迫其从葬的。赐殉的程序是先赐殉者以丝帛，命其自缢身亡后入殓埋葬。清人查继佐在《罪惟录·陵志》中就有"代宗（明景帝朱祁钰）崩后……诸妃嫔唐氏等，初俱赐红帛以殉"的记载。清初学者顾炎武在《昌平山水记》中亦有明代皇室君王死后，其后妃"俱赐丝帛自尽以殉葬"的记载。

曾侯乙墓二十一位殉人，其遗骨既未见刀砍斧伤和被毒杀的痕迹，又入殓于髹漆彩绘木棺内，且有衣衾或竹席包裹，还有些许器物随葬，故学者们认为，极有可能是采取赐死的办法来殉葬的。即每人先赐以红色绸带，命其自缢身亡后入殓于棺，然后随墓主一同埋入坟墓。这些死者大多数当为被迫从死，但也不排除其中有自愿从君而死的人。

2. 关于曾侯乙所处时代社会性质的探讨

对曾侯乙墓殉人的研究，引发了学术界对曾侯乙所处的社会发展阶段的讨论，也就是关于我国古史分期问题的讨论。曾侯乙墓下葬年代是明确的。曾侯乙所处的时代，恰好是在我国历史上的春秋、战国之际。因此，讨论的中心很自然地就涉及到这个时候是处于奴隶制时代，还是处于封建制时代，或者是处于前者向后者过渡的时期。

关于我国古史分期问题的讨论，由来已久。早在1929年，郭沫若就写成了《中国古代社会研究》一书，"首次以马克思主义的观点、立场和方法，系统地阐述殷周史的发展规律以及重要社会问题，为殷周史的研究奠定了初步基础"[26]。到了20世纪50年代，我国学术界展开了古代史分期问题的大讨论。郭沫若先后公开发表了《奴隶制时代》、《关于周代社会的

商讨》等一系列论著，指出"中国历代生产方式，经过了原始
公社制、奴隶制、封建制等，一直发展到现阶段，在今天是无
可争辩的事实了"。他认为"殷代是奴隶制"，"西周也是奴隶
社会"，"奴隶制的下限在春秋与战国之交"[27]。当然，学术界
也有不同意见。"基本上还有两种不同见解，即'西周封建说'
和'战国封建说'"[28]。不同意见之间开展了有益的争论。

　　曾侯乙墓发掘后，墓内出土了那么多殉葬的人，在研究这
些殉葬人的时候，很自然地就联系到当时社会形态的问题。具
体见解多种多样，讨论也十分热烈。

　　当年自始至终亲自参加发掘并任考古队副队长的武汉大学
历史系考古专业教授方酉生，在《有关曾侯乙墓的几个问题》
一文中，分析了二十一位殉葬人的身份、年龄、殉葬方式及墓
内还有殉狗一头、木片俑一件等情况后，认为"我国开始用人
或用狗等来殉葬的时间很早，最迟可能从商代起已经存在了。
殉葬者的身份，有的是武士，有的是生产奴隶，一般都无棺。
与曾侯乙墓内的殉葬者全是供墓主人享乐用的家内奴隶，在性
质上是有所不同的，在形式上也是不一样的。如这时对这些受
害的殉葬者表面上给披上了一层所谓'爱'的外衣，不仅是
人，而且连狗也赐予了棺材。出现这种情况，我认为正反映我
国到战国早期，封建社会已经开始取代奴隶制社会了"[29]。

　　故宫博物院研究员顾铁符在《从随县曾侯乙墓看封建制度
下的杀殉问题》一文中指出："大约在春秋中期到战国中期，
正当社会上杀殉和反对杀殉斗争很激烈的时候，在这段时间里
杀殉的实际情况：一种是装得恭而敬之，掩饰到像敬神那样的
虔诚，例如山东莒县的两座春秋墓和曾侯乙墓等。另一种是还
在明目张胆像宰杀牲畜一样的屠杀，如山西侯马乔村战国奴隶

殉葬墓那样，连铁的枷锁还锁在颈骨上。这两种不同杀殉的同时出现，正是奴隶主义的殉葬在日渐消亡，封建主义的殉葬在逐步形成，新旧交替的必然现象。所以从杀殉问题来看，春秋战国之际，是旧的消亡，新的形成，是两种社会里的两种风气，是从前者过渡到后者……所以郭沫若同志在他的《中国古代史的分期问题》中得出结论：'中国古代奴隶社会与封建社会的交替，是在春秋与战国之交。'从封建制度下的杀殉来看，这正是这样。"[30]这就是说曾侯乙墓所处时代，已经是由奴隶社会阶段进入封建社会阶段了。

湖北大学历史系教授刘先枚对曾侯乙墓殉人的种种现象亦认为是"当时社会由奴隶制进到封建制，奴隶地位发生变化的一种反映。这里的人殉显然与春秋早期有所不同，这确是一个大时代所引起的巨大变化。从来所见到的战国时期的墓葬所反映的阶段关系，没有曾侯乙墓表现得这样具体"[31]。

对上述这些见解，中国历史博物馆馆长俞伟超教授持不同意见。他虽然没有就曾侯乙墓殉人所涉及到的当时社会性质问题发表专文，但他1981年所撰《古史分期问题的考古学观察》一文，在引用曾侯乙墓殉人和殉葬木片俑等资料论证其对古史分期问题的见解时，就在实际上表明了对这个问题的观点。俞伟超在该文中写道："当年马克思、恩格斯揭示社会发展规律，是他们对人类社会已知过程所作的理论的逻辑概括……他们认为古代社会发展的逻辑过程是：在原始公社制和封建制之间，要经历家内奴隶制和劳动奴隶制两个阶段。""马、恩把这种生产方式叫做'奴隶制'。但世界各地的奴隶制形态，因为发展程度的不同，加上本身历史传统和自然条件给予的影响，表现了或多或少的特点。""从生产力发展的水平来说，青铜时代的商代和西周，只能产生农村公社普遍存在的家内奴隶制；春秋晚期以后逐渐普遍使用的铁器则可以产生劳动奴隶制；汉末魏晋以后普遍实施的轮作制和施肥，则是封建制度赖以存在的生产力条件。"曾侯乙墓的殉人"有比较讲究的漆棺，有的带珠、玉佩饰等，又是青年女性，当为墓主爱妾或歌舞乐伎一类的近幸婢妾"。显然他们不是生产奴婢。因此，俞伟超认为"如果不是因为家内奴隶制已发展成为劳动奴隶制，又有什么别的变化能造成这种现象呢"。他还指出："战国时期人殉和人俑并存的现象，还表明了当时在对待奴隶劳动力态度上的过渡性，当处于劳动奴隶制的初期阶段。曾侯乙墓除有殉人外，还有殉狗一只、木片俑一件，亦属牲殉、人殉、人俑并存的一例。它说明曾侯乙的时代正是处于奴隶社会家内奴隶制向劳动奴隶制过渡时期，属劳动奴隶制的初期阶段。"[32]

近一个世纪以来，在我国学术界对中国上古史是否存在奴隶社会曾经有过激烈的争论。以郭沫若为代表的老一辈马克思主义史学家，自20世纪20～30年代以来，就开展了卓有成效的研究工作。他们以马克思主义为指导，以大量的历史文献，特别是以大量的考古新材料为依据，确证了中国古代奴隶社会的存在。至于中国奴隶社会的下限应该划在何时，学术界至今仍在争论之中。由于曾侯乙墓所处的时代正好在各方争论的焦点时期，它所提供的多方面的珍贵资料为广泛而深入的探讨提供了生动的实例。

注　释

[1] 郭沫若《两周金文辞大系图录考释》，科学出版社1957年版。

[2] 刘节《寿县所出楚器考释》,《古史考存》,北京人民出版社 1958 年版。

[3] 湖北省博物馆《湖北京山发现曾国铜器》,《文物》1972 年第 2 期。

[4] 石泉《古代曾国——随国地望初探》,《武汉大学学报》(哲学社会科学版)
1979 年第 1 期。

[5] 随县博物馆《湖北随县城郊发现春秋墓葬和铜器》,《文物》1980 年第 1 期。

[6] 李学勤《论汉淮间的春秋青铜器二·再论曾国之谜》,《文物》1980 年第 1 期。

[7] 方西生《有关曾侯乙墓的几个问题》,《武汉大学学报》(哲学社会科学版)
1981 年第 6 期。

[8] 曾昭岷、李瑾《曾国和曾国铜器综考》,《江汉考古》1980 年第 1 期。

[9] 杨宽、钱林书《曾国之谜试探》,《复旦大学学报》1980 年第 3 期。

[10] 于豪亮《曾侯乙墓出土于随县解》,《于豪亮学术文存》,中华书局 1985 年
版。

[11] 顾铁符《湖北随县曾侯乙墓出土文物展览》,《中国历史博物馆馆刊》1980
年第 2 期。

[12] 徐杨杰《关于曾侯问题的一些看法》,《江汉论坛》1979 年第 3 期。

[13] 白寿彝主编《中国通史》④第 1009 页,上海人民出版社 1994 年版。

[14] 湖北中国历史学会、中共随州市委宣传部编撰《中国历史文化名城随州》,
湖北人民出版社 1996 年版。

[15]《左传·定公四年》。

[16]《无衣》,参见《诗经·秦风》。此诗赞颂了即将参加作战的将士同仇敌忾的战
斗精神。秦哀公赋此诗,表示同意申包胥的请求,决定出兵救助。

[17] 同 [15]。

[18] 李学勤《曾国之谜》,《光明日报》1978 年 10 月 4 日。

[19] 同 [9] 第 86 页。

[20] 湖北省博物馆《曾侯乙墓》第 468 页,文物出版社 1989 年版。

[21] 李瑾、徐俊《论先秦楚国职官名称及其有关问题》,《华中师范学院学报》
(哲学社会科学版) 1982 年第 6 期。

[22] 同 [5]、[6]。

[23] 湖北省文化局《随县擂鼓墩古墓清理情况汇报》第十辑,1978 年 8 月 10
日。

[24] 北京大学历史系考古教研室编著《商周考古》第 107 页,文物出版社 1979
年版。

[25] 胡厚宣《中国奴隶社会的人殉和人祭》上篇,《文物》1974 年第 7 期。

[26] 白寿彝主编《中国通史》③第 140 页，上海人民出版社 1994 年版。

[27] 郭沫若《奴隶制时代》，《郭沫若全集·历史编》第三卷第 14 页，人民出版社
1984 年版。

[28] 同 [26] 第 154 页。

[29] 同 [7]。

[30] 顾铁符《从随县曾侯乙墓看封建制度下的杀殉问题》，《江汉考古》1981 年
第 1 期。

[31] 刘先枚《春秋战国时期人殉制度的演变——兼论曾侯乙墓的年代》，《江汉论
坛》1985 年第 8 期。

[32] 俞伟超《古史分期问题的考古学观察》，《先秦两汉考古学论集》，文物出版
社 1985 年版。

四 先秦乐器研究的重大成果

曾侯乙墓大批音乐文物的出土，受到国内外音乐、文物、考古、史学、自然科技史及物理、声学、铸造学等各学科人士的广泛关注。他们或独立、或联合开展了多学科的研究。尤其是音乐史学界、文物考古界、自然科技史界及冶金铸造界多学科的"协作攻关"，取得了不少突破性的进展，使科学研究硕果累累。可以说，音乐文物是此墓的最重大的发现。其研究成果堪称此墓文物考古研究最丰硕的成果之一。

（一）出土乐器的全面检测与系统研究

1. 出土乐器的检测与研究

音乐学家与文物考古学家紧密合作，对此墓出土的九种一百二十五件乐器，进行了形制分析、制作技术考察和音响检测，获得了极为丰富的科研资料。

（1）编钟，一套，含铜木结构的钟架（古称笋虡）一副、青铜钟六十五件、挂钟构件六十五副、演奏工具八件（T字形敲钟木槌六件、圆柱形撞钟长木棒二件）。出土时，钟悬于架上，演奏工具置于旁边，保持着当年下葬时的原貌。

钟架为铜木结构，即由六个青铜铸造的铜人座（即虡）、两根铜圆柱、六个铜套木圆柱顶托七根木横梁（即笋）构成。横梁两端皆有青铜套，套上有透雕或浮雕的龙、凤、花瓣纹，

图三〇 青铜钮钟（曾侯乙墓
编钟上层二组 5 号钟）

图三一 青铜甬钟（曾侯乙墓
编钟中层三组 4 号钟
正面、背面）

梁身均髹漆彩绘。七根梁的分布为中、下层各二根，均为一长一短曲尺相交，构成两个立面，故又分别称为长架和短架；上层为分别独立的三个小架，立于中层长短横梁上。全架含可以装拆的铜、木构件五十一件，通高 2.73 米，通长 7.48 米，宽（即短架的长度）3.35 米。

钟六十五件，青铜铸造。其形态可分钮钟、甬钟、镈钟三类，出土时分三层八组悬于钟架上。钮钟（图三〇）十九件，皆合瓦体，上窄下宽，上有钮，体态较小，分三组悬于上层三根横梁上。钟体素面无纹饰，皆铸有铭文。除了一组六件，其余十三件的铭文皆错金。上层三组 1 号钟最小，通高 20.2 厘米，重 2.4 千克。上层三组 7 号钟最大，通高 39.9 厘米，重 11.4 千克。甬钟四十五件，分五组悬于中、下层钟架横梁上。钟体皆合瓦形，上窄下宽，上部有长甬。钟体表面及甬部均铸有繁缛的花纹，多为龙凤纹饰，精彩绮丽。依照钟体鼓部有无枚和枚的长短，又可分为无枚、长枚、短枚三式。中层一组为短枚钟，共十一件；中层二组为无枚钟，共十二件；中层三组为长枚钟，共十件（图三一）；下层一组三件，下层二组九件亦为长枚钟，因其形体甚大，亦称大型长枚甬钟。钟体两面皆有铭文，除下层一组二件（1、2 号）外，铭文皆错金。甬钟以中层二组 1 号钟最小，通高 37.2 厘米，重 8.3 千克。下层一组 1 号钟最大，通高 152.3 厘米，重 203.6 千克。镈钟一件，悬于下层长架中部，编号为下层二组 6 号，钟体近扁椭圆形，平口，通体饰龙纹，两边各有乳状枚十个，呈梅花形排列，上有复式双龙钮，一面钲间中部有铭文三十一字，未错金，通高 92.5 厘米，重 134.8 千克。

钟各部位的名称不同（图三二）。

图三二　钟的各部位名称图

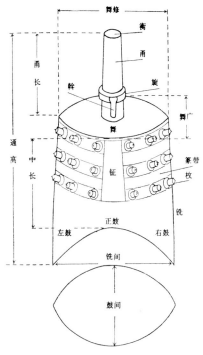

　　经音响检测，每钟皆能发出两个乐音。一个在鼓部正中，称正鼓音；一个在鼓部两侧，称侧鼓音。两音之间呈三度和谐音程。全套钟的音高最低为 C_2，发自下层一组 1 号钟正鼓部，频率 64.8 赫兹；最高为 D_7，发自上层一组 1 号钟侧鼓部，频率 2329.1 赫兹。其音程共有五个八度又一个大二度。在中层三个组三十三件甬钟三个半八度音程内，十二半音齐全，可以旋宫转调，演奏古今中外多种乐曲。其音乐性能之良好，令今人为之咋舌。全套编钟不同层、组的钟，音色亦各有特点：上层清脆嘹亮，余音较短；中层三个组声音铿锵和谐，余音适中，为演奏乐曲旋律的主要部分；下层声音浑厚，余音较长，

适于和声，用来烘托气氛。全部组合起来演奏时，只要配曲适当，确能达到和谐优美的效果。由于与编钟一同出土的有演奏工具两种八件，同墓西室一件乐舞图鸳鸯漆盒上还有奏钟的图像，这就为编钟的演奏提供了形象资料。音乐家和考古学家们通力合作，用原钟或复制品进行了数百次的演奏，积累了一批优秀曲目，获得了国际上的高度赞扬。湖北编钟乐团的曾侯乙编钟音乐会，曾先后轰动过东京、巴黎、华盛顿等地的国际乐坛。

　　（2）编磬，一套，含青铜磬架（筍虡）一副、石磬块三十二片、铜挂钩三十二副、木质磬槌两件、木磬匣三具。此墓早年被盗，虽未造成文物失窃，但盗贼截断的木椁盖板及填土中的石板正好塌落在编磬上，使磬架一根横梁裂断，多数磬块受损并长期泡在水中导致溶蚀，严重的已快成粉末状，剩下完整

图三三　编磬（青铜磬架为原件，石磬块为复原件）

或较完整的只有几件。幸好全架编磬仍然保持着原来的结构形式，磬块的悬挂方式和排列关系清楚依旧（图三三），溶蚀较重者仍有较完整的形状遗迹。这就为检测和复原提供了重要依据。

磬架一副，青铜铸造，表面有错金纹饰。由一对怪兽立柱和两根圆杆横梁榫卯结合而成，为单面双层结构，通高 1.09 米，宽 2.15 米。

磬块三十二件，由石灰岩、大理岩石料磨制而成。它们形制相同，大小各异，多呈深灰色，均上呈倨句，下作微弧上收，鼓部一面的首、尾，上、下端面大多有阴刻或墨书文字，刻文均填朱漆。其保存情况可分四类：较完整者九件，断裂成数片者十件，残缺不全者九件，风化成粉末状者四件。最大一件（下·7）对角（鼓部上角与股部上角）长 54.1 厘米，厚 2.55～2.77 厘米。最小一件（上·6）对角长 5.7 厘米，厚 1.3～1.7 厘米。由于大多数已腐或残缺不全，故无法测音。后来此磬复原成功，并用同出磬槌复制品进行演奏，知其音乐性能尚佳。磬各部位的名称参见下图（图三四）：

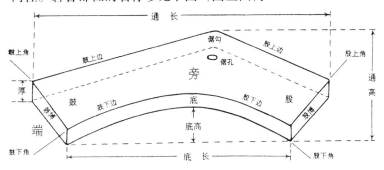

图三四　磬的各部位名称图

磬匣三件，出在北室，不与编磬同室，但匣上有刻文知其为藏磬块的匣子。匣为长方体，分盖与身两部分，各用整木斫凿而成，通体髹黑漆，有朱漆刻文。匣内凿有磬槽，槽头刻有编号。三匣编号合在一起为 1～41，由此可知，原来可装四十一件磬块。其槽的大小正好与所悬相应编号磬块的大小相同。据此，可排出四十一件磬块的大小序列，从而为全套编磬的复原提供了重要参照。

（3）鼓，四件，均为木腔双面皮鼓。鼓皮已不存，木腔尚在。

建鼓一座，是由一根长圆木柱直贯鼓腔并插于青铜鼓座上的大鼓，分鼓腔、鼓座两部分。鼓腔为一横置的圆桶状，中腰外鼓，由数块枫杨木腔板拼合而成，身长 106 厘米，口径 74 厘米。出土时，鼓皮虽朽，但固定鼓皮的竹钉尚在，腔两端各有四排。鼓腔除了蒙皮处，通体髹朱漆，出土时，色泽艳丽。纵贯鼓腔正中的圆木柱，通高 3.65 米，上端伸出腔体 1.5 米，下端伸出腔体 1.25 米，柱径 6.5 厘米，与腔体相交处较粗，除了 9 厘米柱顶绕饰一段黑漆，余皆髹朱漆。鼓座为青铜铸造，整体成圆堆形，由底座、承插鼓的圆管和群龙圆雕构成，通高 54 厘米，底径 80 厘米，重 192.1 千克。圆堆形底座系由一铜圈及内部的十一根弯曲不齐的铜条纵横交错成网状结构，中部凸起，正中与承插鼓的圆管相连，圆管上部被圆雕群龙簇拥。这些龙由八对主龙躯干及攀附其身、首、尾上的数十条小龙与次小龙组成。其中主龙圆雕，龙身曲旋蟠绕，沿背脊两边还各镶嵌绿松石两道，并刻繁细的鳞斑纹。小龙则以高浮雕和圆雕相结合，龙首附于主龙身上，龙尾侈出且曲翘蜿蜒。次小龙则高、浅浮雕并用，整躯附于主龙上。这大大小小的数十条

图三五 青铜鼓座

龙，仰首摆尾，以多变的形态和对称的布局，构成了极其生动而繁复的立体图象。底座四周对称竖置四个环钮，各衔铜环一个，为鼓座的捉手（图三五）。圆管柱盘口内沿还刻有"曾侯乙作持"五字铭文。与建鼓同在的尚有木质圆杆形鼓槌一对，通长64厘米，直径1.8～2.4厘米。

悬鼓一座，亦由鼓腔与鼓座构成。鼓腔为木质，双面蒙皮，出土时皮朽腔存。鼓腔形圆体扁，中部微鼓，高8.5厘米，口外径约36厘米，腹外径约42厘米，两端口沿残留固定鼓皮的竹钉。腔体先遍糅黑漆，然后以朱漆在上下两端绘三角雷纹，腰部绘菱形纹。腔上有三个铜质铺首衔环，其中两个横置、一个竖置（其环位与鼓沿呈平行或垂直关系）。同室有一座立于长方形铜板上的青铜鹿角鹤（图三六）。鹤首插两只铜铸鹿角，鹤嘴尖喙右侧铭刻"曾侯乙乍（作）𪥌（持）用𠕋（终）"七字，通高143.5厘米，重38.4千克。座板为长方形，

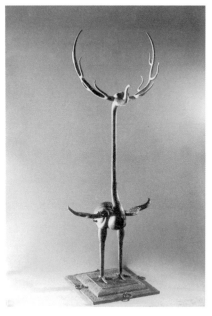

图三六　青铜鹿角立鹤

长 45 厘米，宽 41.4 厘米，中部较高，呈三层台阶向外逐层降低，四边中部各有一壁虎形衔环铺首。鹤颈和鹿角上均有阴刻细线错金纹饰。整体造型及铸造均不失为一件难得的艺术珍品。从它面世以来，有学者认为它是类似楚墓中常见的镇墓兽之类的殉葬用品，或可称之为飞廉，也有学者认为当为悬鼓之座[1]。笔者认为后一种说法较为有理，因试着将同室所出悬鼓的复制品悬于其上，鼓的竖环恰好套在鹤嘴的尖喙上，两横环分别套在向上呈圆弧状的鹿角上，十分合适。现随州市博物馆已在编钟演奏厅里，仿此作了一件加入其钟磬演奏的行列，并无不合适之感。

扁鼓一件，亦为木腔双面蒙皮鼓，皮朽腔存。鼓腔形圆体扁，中部稍鼓起，长 12.5 厘米，腔口外径 42 厘米，腹径 46

厘米。腔体两端各有骨钉三行，钉位上下相间呈梅花形，用于固定鼓皮。腔外通体髹漆彩绘，两端以朱漆为地，黑漆绘云纹，腹部以黑漆为地再朱绘"山"形纹。因腔上无环钮，似不能悬击，有两块腔板的中部各有一木榫插入，当与鼓的置放有关。可惜鼓腔不能完全复原，无法确定两榫间距及在整腔中的方位。对于此鼓或悬或树及怎样敲击演奏，尚待探讨。

手鼓（有柄鼓）一件，形似桶，中部微鼓，体较小，长23.8厘米，腔外径24厘米，腹径28厘米。腔中腰装一木柄，柄的一端穿透腔板，并用一竹钉由腔内插栓固定。蒙皮已朽，腔体两端遗有两行固定鼓皮的竹钉，每行二十三个，上下相间排列。腔体蒙皮处髹黑漆，其余部分和柄遍髹朱漆。因其有柄，出土时曾经称为有柄鼓。从其演奏方式来看，当为一手执柄，一手敲击，故应称其为手鼓。

（4）琴瑟，共十三件。其中十弦琴一件、瑟十二件。

十弦琴一件，木质，近长方体，弧面平底，首宽厚，尾狭薄而略向上翘，通长67厘米，通高11.4厘米，宽19厘米。同出琴轸四枚。全器由琴身和一活动底板构成。琴身用整木雕成，可分音箱和尾板两部分，尾板下侧立一足。琴首有岳山一条，其旁有弦眼十个。岳山上有勒弦痕迹。底板形制大小均与音箱相同，置其下恰好扣合严密。琴通体髹黑漆，出土时光泽亮丽。

瑟十二件，中室出七件，东室出五件，均为二十五弦瑟，同出瑟柱一千三百五十八枚。经仔细观察，十二件瑟中有十件（中室七件、东室三件）以整木雕成，形制基本相同，均为长方体，尾部略呈微弧形，面板略拱，通长在167.5～168厘米

之间，通宽在 40.2～43 厘米之间。其雕饰甚为精致。尾部以
浮雕饕餮纹为主，饕餮纹上又浮雕着大小不等的龙、蛇躯体。
通体髹漆，系先髹一层朱漆，再以黑、黄两色分别勾勒出各部
位轮廓或绘花纹图案。瑟的面板、侧板彩绘，均系在黑漆上覆
一层朱漆作地，再用黑、黄和少量银灰色描绘花纹。面板中部
无纹饰，周沿饰花边，花边内外填绘菱纹、几何纹及凤鸟。内
外侧板及瑟首档板均绘凤鸟图案。其凤鸟造型多为上下两两相
对排列，并填以其它图案。从其制作之精、花纹图案之美及面
板上所留弦痕来看，这十件瑟当为演奏实用之器。另外两件，
出自东室。一件（E·193）系半雕半拼构成，制作不精，纹饰
较简单，仅髹黑漆而无彩，且有返工迹象，疑为残次品或备用
品。另一件（E·192）整体由多块木板拼成，制作粗糙，既无
雕饰，也无彩绘，且不见底板，疑为未完工的瑟坯，造型和制
作方法也与其它十一件有别。

（5）均钟，一件，刚出土时称为"五弦琴"，亦有学者认
为是击弦类乐器——"筑"[2]。均钟木制，形若长棒，首端近
方，尾端近圆。首宽 7 厘米，高 4 厘米；尾宽 5.5 厘米，高
1.4 厘米。全长 115 厘米。表面平直狭长，首端立一蘑菇状
柱。柱旁和器面尾端各亘首、尾岳山及两岳外侧，均并列五个
弦孔，知其为五弦器。器身以黑漆为地，朱绘繁缛的图案。其
中有两种图案颇引人注意：一种是绘于后半段背面的两幅人形
纹图像，人作蹲状，有目有口，头顶长发高竖且向两旁弯曲，
两耳处各有一蛇，上肢作龙形向上曲伸，胯下有二龙，龙首相
对，龙身相互环绕三道，龙尾各向后翘，龙体饰菱纹。有学者
认为它们可能是《山海经·大荒西经》所载夏后启上天得乐的
写照[3]。另一种是绘于器身首段的背面、侧面和尾段正面的

凤鸟图案。画面为一组组引颈振翅的凤鸟在方格纹衬底上飞翔。面板上的凤鸟为两行各十二只，有一边侧板上的一行凤鸟也为十二只，另一侧为十一只，底板上的凤鸟共有十二只。这种花纹的寓意可能来自黄帝令伶伦作为律，"听凤凰之鸣，以别二十律"的神话故事[4]（图三七）。将古代"乐"、"律"起源的神话故事，以简练的图案绘于一器之上，寓意不凡。据黄翔鹏研究，此器应是《国语》中提到的，至迟于公元前6世纪已在周王宫廷中使用，并在秦、汉失传了的均钟。它是一种

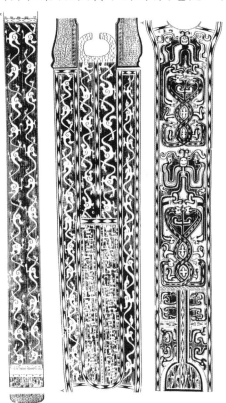

图三七　均钟纹饰线描图

为编钟调律的音高标准器，也是中国古代的一种声学仪器[5]。

（6）笙、箫、篪，共十件。其中笙六件、箫二件、篪二件。

笙六件，形制相同，保存情况不一。其形状与现今葫芦笙近似，均由斗、苗（即笙管）、簧组成，表面髹漆彩绘。出土时，因墓内长期积水使各器漂浮移位并且解体，多数腐朽受损。经仔细整理，知其结构为簧嵌于笙苗底部，笙苗穿透笙斗，插于其上。各器规格不尽一致。从笙斗上插入笙苗孔数的多少可知，有十八管、十四管、十二管之别。另有残次管一斗上孔数不详。笙斗均为匏范制成，即在幼匏时将其套上外范，使匏在生长期内上半部受到约束成为规范的管状（以作吹管），下半部则在套范之外未受约束而长成球状的自然形态（用作斗腹），成熟定型后再凿孔以插入笙苗。笙苗皆以一节或两节芦竹杆做成，上下端口齐平，中空。近上端开有音窗，近中下部有指孔，下端均有长方形的嵌簧孔。底端周沿稍经刮削，略呈锥形，以便安插。簧由较厚的长方形芦竹片雕琢而成，可分簧框与舌两部分。簧框呈长方形，两端较厚，凸如梯形平台状，两边稍薄凸如棱状。簧框底端连着舌根。舌呈扁平条状，除根部与框相连外，其余各边与框有细如发丝的缝隙，可自由振动。这种有簧的乐器，当为后世簧类乐器的先祖。

排箫二件，由苦竹杆制成，形制相同，大小略异。此箫为单翼片状，上沿齐平，下沿参差不齐，系由十三根长短不同的箫管依次排列，用三个竹夹夹住并经缠缚而成。其中一件上部宽11.7厘米，左边长22.5厘米，右边长5.01厘米，厚约1厘米。箫管系用单节细竹稍经加工而成，均将较细的一端截断，再刮薄口沿，用作吹口，下端以自然竹节封底。通体以黑漆为地，用朱漆描绚纹和三角雷纹，近吹口处长约 1 厘米的一段饰朱漆。刚出土时，其中一件尚能吹奏出乐音。由此可知，它们是按十二律及其顺序编列，构成的音列至少是六声音阶结构。

篪二件，管状，由苦竹杆制成，均为单节竹管，通体髹漆彩绘，出土时外形基本完好。一件长 29.3 厘米，另一件长 30.2 厘米。其中一件（C·79），一端以自然竹节封底，一端以物填塞。在管身近两端处，各开一椭圆形吹孔与出音孔。与吹孔、出音孔呈 90 度的管身另一侧，距首端 13 厘米处有刮削出的一长 12.5 厘米、宽 0.7 厘米的条形平面，其上挖出 5 个不甚规则的圆形指孔。另一件与它近似，仅一端竹节已不存，是否有"底"，尚难定论。两器均为横吹单管乐器，与今天的笛子不同之处，在于吹孔与指孔不在同一平面，持器吹奏时掌心背向不同而已。史籍有载："篪，有底之笛也。横吹之，故以篪名之。"[6]

2．出土乐器的学术意义

（1）一批久已失传的民族乐器重放光彩。我国民族音乐的发展历史悠久，但由于种种原因，我国古代乐器中的许多品种早已失传。它们或者史籍有载，但不见其形，更难闻其声；或者众说纷纭，莫衷一是；或者零星有见，残缺过甚，难窥全貌。这次出土的乐器较之过去，数量最多，品种最全，规模最大，堪称中国乐器史上的空前大发现。其中的十弦琴、均钟、排箫，为早已失传的品种。我国古代关于琴的起源的传说很早，如《世本》"神农作琴"，《诗·关雎》也称"琴瑟友之"。此前，人们所见最早的琴是出自长沙马王堆三号墓的西汉七弦琴[7]。此墓所出的则是另一形制的十弦琴。它多出三根弦，将涉及到演奏手法、音乐风格、音阶旋律、音响性能等一系列问题，很值得深入研究。均钟，《国语》已有"度律均钟"的记载，但长期以来无人见其器，知其形。此墓发掘之初，这件乐器也以"五弦琴"或"五弦器"名之，直到黄翔鹏《均钟考》一文发表后，才为人们所认识。它在中国乐器史上的重要性不言而喻。排箫，屈原的《九歌·湘君》中有"吹参差兮谁思"之句，"参差"何所指？形怎样？音如何？汉代石刻，魏晋造像，甚至隋唐壁画中尚能见其形，但难闻其声，往后便形迹难觅了。此墓出土的两件排箫，正是由参差不齐的十三根竹管并列缠缚而成，不仅能见其形，还能吹奏出乐音。难怪，我国音乐界人士夸赞说："真是奇迹！"其它的笙簧、建鼓、竹篪等，亦为首次发现的实物。

（2）完整的钟磬乐悬，使今人看到了中国金石之乐的完整形态，证实了史载乐悬制度的可信。《周礼·春官·小胥》曰："正乐悬之位，王宫悬，诸侯轩县，卿大夫判悬，士特悬，辨其声。"郑司农云："宫悬，四面悬；轩悬，去其一面；判悬，又去其一面；特悬，又去其一面。像宫室四面有墙，故谓之宫悬；轩悬，三面，其形曲。"轩悬，又称曲悬，乃诸侯享用钟磬之制。此墓编钟架两面，磬架一面，在墓中的布局正好是"三面，其形曲"。曾侯乙为曾国国君，享用此轩悬之制正好与周代礼乐制度相合。编钟在墓中井然有序地悬在筍虡上。编磬虽然磬块大多已朽，但其制作极精的磬架犹存，悬挂方式亦井然有序。这不但展现了钟磬乐悬的完整形态，也证实了文献记载的可靠性，为进一步研究周代礼乐制度，提供了一个不可多得的实例。

（3）在乐器制造技艺上显示出古代匠人的非凡才能与成

就。编钟的"一钟双音"是最生动的例证。钟是体鸣乐器。一个钟体上能击发两个不同频率的乐音且十分和谐，从设计到铸成的难度是可想而知的。此墓所出的六十五件钟，件件能发出双音。经检测，其音响与钟体上的标音铭文虽有某些误差，但总体而言是相当精良的。我们不能不为古代乐师这项辉煌的科学发明而叫好。钟架的设计与制作，更是古代科技与艺术的完美结合。钟架上的青铜构件自重即达 1854.48 千克，其上还要负载重达 2567 千克的钟体，在墓坑内历时两千四百余年之久，依然伫立如故，可见其结构设计的科学性。六十五件编钟放置有序，条理分明，使钟架既达到饱和状态，也给演奏者创造出演奏的便利。这些都充分体现了古代乐师构思的巧妙和严谨。整架编钟不但铸工考究，纹饰精细，而且在墓坑积水中长期浸泡后毫无锈蚀。这种罕见的抗锈蚀能力确实令人惊叹不已。值得注意的是，钟架、磬架、悬鼓架、建鼓座的艺术造型与铸造上的非凡技艺，更是令人叫绝。关于钟磬上虡的艺术造型与筍的纹饰应该效法自然界的何种动物，《考工记·梓人为筍虡》中有精到的论述。它将天下之大兽分为五类：脂者、膏者、赢者、羽者、鳞者，又说"赢者、羽者、鳞者以为筍虡"，"小虫之属以为雕琢"。此墓钟磬筍虡的艺术造型与纹饰刻画正好与之相合。其中赢为何物？郑玄云："虎、豹、貔、螭为兽浅毛者之属。"后世注经家屡有异词，莫衷一是。今人苟萃华、夏炜瑛从动物分类学上考证，谓赢者泛指"自然界的人类"[8]，综合而言，人、虎、豹……皆在其内。此墓钟虡塑以魁梧的青铜武士像，磬虡以龟背长颈鹤为主，皆饰以龙、蛇、鳞虫之属，不仅形象塑造得威武雄壮、栩栩如生，而且纹饰也铸刻得玲珑剔透、绮丽多姿。钟磬悬于如此精美的筍虡上面，未闻其声，首先在视觉上就给人以美好的享受，使人们更容易进入音乐艺术的天地之中。

（二）　编钟的复制研究

1. 编钟复制的缘起及简要历程

编钟是古代礼乐重器。曾侯乙编钟是中国青铜钟的精品。作为古代乐器，只能见其形，不能闻其声，特别是在公开展出的场合下不能闻其声，实在是一大憾事。可是，作为国家珍贵文物，又怎能允许经常敲击演奏呢？这样，复制编钟就被提到了议事日程。

1979 年 3 月，在国家文物局支持下，湖北省博物馆邀请中国科学院自然科学史研究所、武汉机械工艺研究所、广东佛山球墨铸铁研究所、武汉工学院、哈尔滨科技大学等单位的学者、技术人员组成了"曾侯乙编钟复制研究组"，进行科研试制。

1982 年底，该研究组复制出上层纽钟十二件、中层甬钟十四件、下层大甬钟二件，共二十八件，基本上做到了外貌、声音与原件一致。积累了大量资料和经验，掌握了复制与调音的技术，找到了合适的铸造方法，在编钟复制技术上获得了成功。1983 年 1 月 7 日，国家文物局在武汉召开了编钟复制研究成果鉴定会，获得通过与好评。1984 年 8 月，六个单位的专家学者和技术人员又完成了全套编钟的复制研究工作。文化部于同年 9 月 5 日组织全国多学科专家组成的鉴定委员会进行了鉴定验收，认为达到了"形似、声似"的复制要求，并颁发了验收证书。1985 年，此项成果又荣获了中华人民共和国文化部科技成果一等奖。

在第一套复制件获得成功的基础上，经国家文物局批准，湖北省博物馆又先后分别和武汉机械工艺研究所、武汉工学院、武汉精密铸造有限公司合作，为随州市博物馆、湖北省博物馆编钟馆、台湾鸿禧美术馆各复制了一套。在这三次的复制过程中，无论铸造技术、工艺流程、调音水平，都有不同程度地改进和提高，从而形成了一整套切实可行的复制技术和工艺流程，确立了一套符合实际的古乐器复制技术鉴定标准。运用这套技术与工艺，其它有关的文博单位、音乐院校、民族乐器制造厂也先后仿制了一些古编钟，使失传已两千多年的这一民族乐器，重现了往日的辉煌。第一套复制件1992年在东京国立博物馆的演出，1997年在香港回归庆典上的演出，1999年在美国华盛顿国家美术馆的演出，都备受关注，产生了轰动效应。

2.对编钟原件的科学检测与成功复制

对编钟原件的检测研究是从以下几方面展开的，从而也加深了对古代编钟的认识。

(1)探求原钟的铸造方法。《考工记·凫氏为钟》对钟的制造技术有较明确的论述，但它侧重讲的是钟的几何尺寸及其与发声的关系，没有涉及铸造方法。仔细观察研究曾侯乙编钟和查找资料后，获知钟的铸造是经过了设计、塑样、制模、作范、装配铸型、浇铸、铸后加工（铭文错金、调音）等工序。

全套钟的铸型均用陶范组合而成。钮钟的铸型由双面陶范和泥芯（即内范）构成。其浇口设在钟的口沿上。为了固定内、外范的间距，确保铸件的设计厚度，泥芯上设有定位用的泥质芯撑。因此，每件钮钟腔内均遗有芯撑的痕迹（透空或不透空的长方形凹槽）。这些凹槽过去也常见于其它先秦钟，但长期被误以为是"调音孔"。甬钟的铸型较为复杂。每件钟的铸型分甬部和钟体两大部分，共用一百三十六块范、芯组成。其中相同形态的局部分范和纹饰分范都用同一范模翻制，保证了它们的统一和规范。例如，每件钟的三十六副枚范，均由一个枚模翻制而成。又如，钟体纹饰分范，相同的分范都用同一模具翻制，然后按设计的位置，或横或竖，或向或背，构成统一而连续的纹带。钟体周缘、舞部、篆带、鼓部、甬部纹饰分范均按此法形成。一个单独纹样，还被用于多件钟体。中层甬钟的铸造程序是：先铸甬部，将甬嵌入钟体铸型，浇钟体时使其铸接合一。下层大型甬钟的铸造程序是：先铸出低锡青铜的甬部纹样，将纹样嵌入甬部铸型，接着铸甬，再将甬嵌入钟体铸型，浇铸钟体，并使甬与钟体铸接合一。

浇注前后，古人很可能以预热铸型、延时脱范的方法，利用铸型和金属余热进行均匀退火，改善金相组织，减少残余应力，保持音频的稳定。

冶铸后，必定要对铸件进行加工。除通常的清砂和表面光洁度的处理外，调音的任务十分艰巨。"调钟的工艺过程就是磨和剡。'剡'就是刮削；'磨'就是精细的水磨功夫。先秦钟内壁少数略见锉痕，是剡的遗迹；多数十分光滑，是磨的结果"[9]。钟体表面的磨剡，主要是外表美观的需要，对钟声也会起到润色作用。钟腔内的磨剡，纯粹是为了调音。古代凫氏为了确保钟的音高符合设计要求，往往在钟腔鼓部的壁厚上留有余地。比如说，钟的铸件音会比设计音要高，随着磨剡使它接近或达到设计要求。

（2）检测合金成分的配比。《考工记》载："金有六剂，六分其金而锡居一，谓之钟鼎之剂。"对于这段文字的理解，过去并不一致。经过对原钟进行光谱半定量、电子探针扫描和化学定量分析等多钟手段测试，得知钟的合金成分是铜（Cu）含量为 77.54%～85.08%，锡（Sn）含量为 12.49%～14.46%，铅（Pb）含量一般少于2%，个别高达3%，其它元素含量都很少。其主要成分是铜六锡一。

钟的合金比例对其声学性能、机械性能、铸造性能的变化有着重大的作用。当含锡量为 5.76%～12.48%时，钟的基音（即由整体振动产生的音）强度弱，第二分音（分音，即局部振动产生的音）较强，音色显得尖锐、单调；当含锡量为 13.03%以上时，基音和第三、五分音较强，其它分音依次减弱，音色丰满悦耳。锡含量的增加，增强了合金硬度，使钟在形制不变的情况下，提高了频率及其响度。但是，当锡含量超过18%～20%时，青铜的强度就会急剧转脆而不耐敲击。铅是延性弱、展性强的金属，在青铜合金中属于软的基体组织。铜中加铅，可以降低熔点，增强合金熔铸时的流动性，使铸件更加致密光润，还可以减弱因加锡而导致的脆性，使所铸的钟耐击经用。少量的铅（少于3%）基本上不影响钟的频率和音色，但对振波的传递起着阻尼作用，可加速振动的衰减，缩短钟音时程。这对于过长的钟声起着适度的抑制作用。但是，含铅量过高，钟的声音就会干涩无韵，失去优美的特点。合理的铜、锡、铅合金比例，还会减少铸造缺陷，使钟更加精确规范、表面光洁、纹路清晰、色泽富丽、经久耐用。

原钟所采用的合金配方正是传统的“钟鼎之剂”。由此可见，当时的工匠对于铜、锡、铅的特性及合理配置，把握得多么娴熟。

（3）揭示“一钟双音”的规律。先秦编钟“一钟双音”的规律，由黄翔鹏先生于1977年首先提出[10]，当时没有得到社会的承认，直到曾侯乙编钟出土才得以确认[11]。此后，陈通、郑大瑞先生在1980年发表的《古代编钟的声学特性》，从振动模式方面论证了双音钟的发音原理[12]。

自商代起，编钟已形成了状如"合瓦"的形体特征，加上钟壁厚度不匀，实际上已客观地存在着两个不同频率的音。但是，两音间多不和谐，两音的结构在整编的钟组中还没有呈现出规律。西周中、晚期，钟的形制，尤其是钟壁更加规范，腔内都有不同程度的刲磨痕迹。其双音结构绝大多数为小三度，相对鼓部正中（即正鼓部）的一侧（即侧鼓部），均以凤纹、涡纹或其它动物纹标示着另一个乐音的存在。到春秋中、晚期，钟的双音结构中出现了大三度音程，并与小三度结构有机结合，丰富了编钟的音列。曾侯乙编钟每件钟体都有两个不同的标音铭文，铭刻在钟体的正、侧鼓部，使得"一钟双音"规律的存在成为不争的事实。其双音结构比以往更加规范和成熟，大、小三度的有机结合，在避免重复音和确保骨干音设计在最佳位置的同时，以最少的钟，完备了十二半音音列。

物理实验和全息激光摄影检测也证明：原钟的单体确实存在着两个基频，即正鼓音、侧鼓音。合瓦形钟体存在着两组振动方式，一组振动方式的节线总是在编钟正面的中线上，另一组振动方式的节线基本上在前一种振动方式相邻节线的中间。也就是说，钟体正鼓音的激发点正好在侧鼓音的节线上，侧鼓音的激发点正好在正鼓音的节线上。这样双音共存一体，又不会相互干扰。

双音钟的钟体与音响的关系是钟体大，音量大，余音长，音调（频率）低，音色较为浑厚，击发音稍显迟缓；钟体小，音量小，余音短，音调高，音色较为纯净，击发音比较灵敏。
同一钟体，正鼓音比侧鼓音的音量略大，余音稍长，音调低
（为三度音程的"根音"），激发时受侧鼓音的影响较少；侧鼓
音受正鼓音的影响较多。曾侯乙编钟的双音结构，尤其是用于
主奏旋律的中层甬钟，大多数都在设计规范之内。

对原钟一系列的研究，获得了大量数据与技术资料，解开
了失传已久的编钟在铸造中的许多难解之谜。采用传统办法与
现代科技的有机结合，终于使复制工作获得圆满成功。冯光生
的《曾侯乙编钟的复制及其研究》一文，在系统总结的基础上
有详细的论述[13]。

（三）　编磬的复原研究

曾侯乙墓编磬出土时大多数磬块已经破碎而无法敲击，较
完整的几件也被积水长期浸泡影响了发音，所以原件不能像曾
侯乙编钟那样让人听到它优美的乐音，人们对此深感遗憾。然
而，它数量空前的编磬组合、完美精致的青铜磬架、依旧如故
的悬挂方式、磬块上的文字、磬匣上的编号以及置磬槽的尺寸
等等，都是极为难得的珍贵材料。加之，它与编钟的密切关
系，促使湖北省博物馆的学者们决心对这些材料开展综合研
究，希望能恢复它原有的风采，使千古绝响复鸣。1980 年 5
月，由省博物馆青年音乐考古学家冯光生主持，并邀请中国科
学院武汉物理研究所有关科技人员协作攻关，至 1981 年 8 月，
终于获得成功。1983 年 1 月复原的编磬和曾侯乙编钟一道，
获得国家文物局的鉴定认可。1985 年，这项研究成果荣获中
华人民共和国文化部文化科技成果三等奖。

在复原研究的过程中，着重对如下一些科学技术问题进行了深入探讨与实验：

1. 磬料的研究和采集

石磬，以石为原料。地球上的石头由于成因的不同，化学成分、矿物成分和构造都不同，分成许许多多的种属和类别。以什么样的石头可以制成磬呢？早在两千多年前，我们的祖先在《山海经》一书里，对"磬石"和"鸣石"的产地就有所记载。《山海经·西山经》有"小华之山……其阴多磬石"，"高山……经水出焉，而东流注于渭，其中多磬石"，"鸟危之山……其阳多磬石"[14]。《山海经·中山经》则有"长石之山……共水出焉，西南流注于洛，其中多鸣石"[15]。这些记载说明古人已经知道不是任何石料都可以用来作磬，还总结出只能从山、水中采集"磬料"。当然，《山海经》时代的工匠们不可能解释磬石、鸣石的矿物成分及其岩相特征。曾侯乙墓编磬出土时，参加发掘工作的同志经现场目测，初步认为其原料"主要是石灰岩，其次是青石和玉石"[16]。经湖北省地质局的专家对有代表性的标本取样分析后，断定这套磬绝大多数是以深灰色、灰黑色、浅褐灰色石灰岩为材料制成。先前目测的青石磬料也是石灰岩的一种。发掘者所说的"玉石"，其实就是大理石。它们的矿物成分和化学成分基本相同，主要由 $CaCO_3$ 组成，在结构上粒度较细匀，仅大理石粒度较粗大[17]。

磬料的确定，为复原编磬的工作提供了基本条件。科研人员依此开始采集复原所需的磬料。从地质史上来看，石灰岩的发育时间非常长。据原件上保留着的三叶虫化石来分析，地质工作者认为这批磬料可能主要发育于寒武纪和奥陶纪。然而，就是这样一个时间范围内发育的石灰岩在全国也分布甚广，要由此找到当时曾国的采料点仍然是十分不易的。于是，人们本着就近取材的原则，把选料的范围缩小到京山、襄樊一带。又根据《晋书·五行志》所载"永康元年（公元300年），襄阳郡上言，得鸣石，撞之，声闻七八里"，特地到距随县西北二百余里的襄樊市郊选料。这里盛产石灰，有较大的采石场。在采石场还能听到有些石块彼此相撞，声音确乎近于金属碰击声。于是，请老石匠凭经验来选石采料，打制出实验磬坯，结果令人满意，磬料就此得到确定。后来的三十二块复原磬块都采自该地。其音色多清澈明亮，与编钟合奏时，金石之音交相辉映。

2. 音高的推定

这套编磬共三十二件，分上下两层悬挂，每层两组依大小次第排列。因出土时磬块多数已受损，其上的文字也有残缺，所有磬块的乐音均不复存，大小厚薄也不全知道，这就给复原工作带来了很大困难。幸好还有可以借鉴的资料。如北室所出的三件磬匣，匣内虽无磬，但盛磬的槽尚存。它们有大有小，槽内还有编号，从1至41。将残存的石磬放进相应编号的槽内，大小正合适。三个磬匣的盖上分别刻有"间音十石又四才（在）此"，"新钟与少羽曾之反十石又四才（在）此"，"姑洗十石又三才（在）此"。把这些资料加以梳理，找出其规律，就大致可以看出全套磬的容貌。另一方面，曾侯乙墓钟、磬铭文的释读及全套编钟所提供的清澈音响，也为了解编磬乐音体系打开了方便之门。曾侯乙墓钟的中、下层甬钟的标音体系是以姑洗均为纲的，与之不同的是三十二块磬却以浊姑洗均为纲标示阶名。如上层（出土号）一、二、三、四、五、七、八、十二号和下层一、二、三、四、七、八、九、十、十一、十二、十四号磬块上均有"浊姑洗之×"字样。这应该是此套磬在标音上的规律。

磬的乐音是由磬的大小厚薄所决定的。磬大体薄，声音就低；磬小体厚，声音则高。从刻有编号的磬块与磬匣里相应编号的磬槽来看，其编号顺序是由大者开始，至小者终止。也就是说，这套磬是从低音到高音来编号的。这应该是它在排列上的规律。

抓住以上两条规律，人们首先整理出编号和音列的关系，推知这套磬是按半音关系构成音列的。这是曾侯乙墓编磬最基本的规律。遵此，对三十二块磬的刻号、阶名、相对音位都可以得到确认，从而解决了复原中的一大难题，掌握了全套磬的设计音高。随后，又将编磬与编钟的音高作了对照研究，并进行了模拟实验，磨制出一、二件进行音响的检测。在验证了可靠性后，才开始了全面复原。

3. 磨制与调音技术的研究

最早的石磬是打制的。到了商、周时代，在依照设计的几何尺寸打出磬坯后必须磨砺并进行调音。《考工记》对此有较详细的记载："磬氏为磬，倨句一矩有半，其博为一、股为二、鼓为三，叁分其股博，去一以为鼓博，叁分其鼓博以其一为之厚。已上则摩其旁，已下则摩其端。"

这一记载与曾侯乙墓出土实物基本相符。人们以保存尚好的磬块和磬匣内盛磬槽上的号码与尺寸所提供的数据为准，打石成坯，随后粗磨，最后精磨。经过模拟实验证明：磬的磨制和调音是密切相关的。也就是说，磨砺会改变磬的几何尺寸，也会改变其振动频率。要调节磬的音高，就必须对其某部位进行有意识的磨砺。

磬面要求光平。磬面的光平与否，直接影响着磬体发音的灵敏度和鲜明性。人们对粗磨前后几块复制磬进行了频谱分析，发现粗磨后的磬，音的频谱波峰多，泛音较为丰富。由此可见，制作磬由原始形态的打制到增加磨制工序，不仅仅是外观上的美感需要，也有对音响效果的追求。磬面的光平是提高发音灵敏度和改良磬的音色的手段之一。曾侯乙墓编磬原件外表各面均磨得十分光平，在上面遗留着极细的擦痕，擦痕方向大多一致，平行线条较长。当时的制作者很可能采用了大砺石、大动作来控制各处受力的匀称，达到使磬面光平的目的。

"已上则摩其旁，已下则摩其端"，指的是磬音若高出设计要求，磨其两旁使之变薄，其振幅就会加大，频率就随之降低，音自然就由"上"而下。反之，磬音若低于设计要求，磨其端部以加大厚度在各部尺寸中的比例，频率就会提高，音便由"下"而上了。可见，"摩其旁"、"摩其端"都是调节音高的重要手段。它可以改变磬音的高低，达到预期的效果。人们在打制粗坯时，在厚度上留有较大的余地，所以磬坯的音频都高于实际要求。经磨砺两旁后，便降低到要求的标准。也有少数磬块由于求胜心切，未及时检测而磨旁过多，使频率过低，经磨端后，又随之提高了频率。

全套磬的复原，就是在上述几个基本课题深入研究的基础上获得成功的。经检测分析和多次试奏，磬块音色均清澈明亮，很似现在的木琴，又比它更富有余韵。它展示了曾侯乙墓编磬三个八度的音容风貌。其内涵丰富的半音显示了其旋宫转调的功能。值得惊叹的是，它的最高音竟与现今钢琴的最上一键同音。全套复原磬可与曾侯乙编钟复制件相配，钟、磬齐奏，金石之音相映成趣。广大国内外观众和专家见其形，听其音，纷纷给予赞赏和好评[18]。

注 释

[1] 方西生《有关曾侯乙墓的几个问题》，《武汉大学学报》（社会科学版）1981
年第6期。祝建华《楚俗探秘：鹿角立鹤悬鼓、鹿鼓、虎座鸟架鼓考》，《江
汉考古》1991年第4期。

[2] 蒋朗蟾《曾侯乙墓古乐器研究》，《黄钟》（武汉音乐学院学报）1988年第4期。

[3] 冯光生《珍奇的"夏后启得乐图"》，《江汉考古》1983年第1期。

[4]《吕氏春秋·仲夏纪·古乐》。

[5] 黄翔鹏《均钟考——曾侯乙墓五弦器研究》，《黄钟》（武汉音乐学院学报）
1989年第1~2期。

[6] 陈旸《乐书》。

[7] 中国科学院考古研究所、湖南省博物馆《马王堆二、三号汉墓发掘的主要收
获》，《考古》1975年第1期。

[8] 转引自闻人军《考工记导读》第103页，巴蜀书局1987年版。

[9] 黄翔鹏《复制曾侯乙编钟的调律问题刍议》，《江汉考古》1983年第2期。

[10] 黄翔鹏《新石器时代和青铜时代已知音响资料与我国音阶发展史问题》，《音
乐论丛》第1期（1978年5月），第3期（1980年1月）。

[11] 秦序《先秦编钟"双音"规律的发现与研究》，《中国音乐学》1990年第3
期。

[12] 陈通、郑大瑞《古代编钟的声学特性》，《声学学报》1980年第3期。

[13] 冯光生《曾侯乙编钟的复制及其研究》，《迈向二十一世纪的复古乐器》，日
本国际交流基金"丝绸之路的回响"执行委员会1998年11月版。

[14] 袁珂《山海经校译》第20页、26页，上海古籍出版社1985年版。

[15] 同[14]第122页。

[16] 随县擂鼓墩一号墓考古发掘队《湖北随县曾侯乙墓发掘简报》，《文物》1979
年第7期。

[17] 贝志达《曾侯乙编磬磬块的岩相分析鉴定报告》，《曾侯乙墓》第633页，文
物出版社1989年版。

[18] 湖北省博物馆、中国科学院武汉物理研究所《战国曾侯乙编磬的复原及相关
问题的研究》，《文物》1984年第5期。

五 先秦艺术的珍贵发现

当曾侯乙墓尚在进行现场发掘，丰富多彩的文物源源出土的时侯，国内外艺术界就已经为之震惊。

二十多年来，国内外艺术史界，对这批文物在艺术上的成就以及它们在中国艺术史、世界艺术史上的地位开展了广泛而深入的研究。

本章谨就这批文物所反映出的各艺术门类的成就及其在中国艺术史上的地位和意义作简要的介绍：

（一）　音　乐

曾侯乙墓出土的大批乐器，以其品类之多、数量之众、规模之大，展现了这一时代音乐艺术的辉煌成就。本书第四章"先秦乐器研究的重大成果"已有详细的阐述。这里再从艺术发展史研究的角度作若干补充，以期对这一墓葬所反映出的那个时代的音乐艺术成就有一个更全面的了解。

1. 乐器、乐队组编与音色的研究

李约瑟博士及其助手罗伯特·坦普尔说："中国人对音色在音乐领域的应用与研究比世界上任何国家历史都久且有更高的造诣。"他们指的是"世界上唯一的一种不带定音档的弦乐器——古琴的演奏技法"。"它在演奏时不能调整音域的高低，而是在同一音域奏出不同的音色"。"历史告诉人们，公元3世纪，中国人在琴弦振动的观察研究方面所达到的科学水平，欧洲人在 19 世纪才达到"[1]。其实，曾侯乙墓乐器的制作及其在空间上的编排组合与演技，对音色的研究运用所取得的艺术成就比此要早几个世纪。例如，曾侯宫廷中"殿堂乐队"钟磬悬挂与其它乐器的排列组合，除了礼制上的规定，从音乐艺术的角度来看，听乐者王侯宾客居中，钟磬鼓瑟箫笙高低错落有致，金石丝竹匏革之音来自三维空间（上下、左右、前后），"八音和鸣"的丰富音色可想而知。无怪乎，在此墓一件漆衣箱上留下的朱书文字就有"经天常和"的赞美之词。音色丰富的乐曲，和谐优美的旋律，怎不"人神以合，声律以和"，"迁于圣贤，莫不咸听"呢[2]！

再从乐队配置情况来看，此墓九种一百二十五件乐器，用于演奏的实为八种一百二十二件，是两个不同乐队所用之器。两个乐队的性质是不同的，表演场合、形式与方法自然也不相同。出自中室的钟、磬、鼓、瑟、箫、笙、篪，共计一百一十五件。这是严格按照礼制规定来编组与演奏的宫廷"殿堂乐队"。它以娱人为主，也兼以娱神——祭天祀祖。虽然其演奏同样具有很高的艺术表现能力和艺术水平，但必竟受礼制的束缚，在娱人时欣赏者实难以尽其兴。因此，此墓又有由东室七件乐器（共出十件，用于演奏的只有七件，均钟及两件半成品瑟是不参加演奏的）组成的以自娱、互娱为目的的"寝宫乐队"。两个乐队、两组乐器，各有自己的主要功能与表演技艺，这不能不说是曾国音乐艺术高水平的反映。由此可见，曾侯乙本人不仅是个音乐爱好者，而且还是一个音乐家，否则，他的后人就不会把均钟（定律器）及两件瑟坯放在他的身边而带入坟墓了，他本人也就不会一反常制在编钟编磬上不铸纪功铭文而铸刻大量乐理乐律铭文了。

2. 钟磬铭辞的乐律学研究

曾侯乙墓出土的编钟、编磬上皆有铭文，是一批极为重要的先秦音乐文献史料。为了尽快释读这些文字，并解开其中所包含的音乐史、文化史、科技史等的奥秘，北京大学的裘锡圭、李家浩，中国艺术研究院音乐研究所的黄翔鹏、李纯一、王湘等都应邀对这批文字资料进行了深入的研究。首先是在文字考释方面，由裘锡圭、李家浩执笔，公开发表《曾侯乙墓钟磬铭文的释文与考释》。接着黄翔鹏以该文为据，对曾侯乙墓的钟磬铭文进行了乐律学方面的研究，发表了《曾侯乙钟磬铭文乐学体系初探》一文。此文肯定了曾侯乙墓出土的钟磬铭文提供了早在秦、汉期间就已失传了的中国乐律学知识，对这些乐律学术语作出重新确认和界定。这项工作有利于通读铭文，并对乐律学作进一步深入的研究。此后，李纯一、王湘等也先后发表了同类文章，使学术界掀起了对钟磬铭辞乐律学研究的热潮，取得了巨大成果。黄氏的这篇文章在 1999 年还获得了中华人民共和国文化部科研成果一等奖。1985 年，香港中文大学饶宗颐与广东中山大学曾宪通联合出版的《随县曾侯乙墓钟磬铭辞研究》一书，则是最早出版的有关曾侯乙钟磬铭辞乐律学研究的学术专著。武汉音乐学院童忠良教授在他所著的《乐理大全》第十七讲《曾侯乙钟铭的乐理释要》中，对编钟铭文作了通俗的阐释，将古代乐律铭文与现今乐理乐律作对照讲解，成为第一部通俗解释钟铭的学术著作。此后，国内外对钟磬铭文进行研究的不乏其人，并都有学术论著发表。1997年，青年学者崔宪在前人研究的基础上，出版了《曾侯乙编钟钟铭校释及其律学研究》一书，成为这一时期钟磬铭辞研究的代表作。诚如黄翔鹏在该书序言所说："其重要性可以说是提出了曾侯乙钟铭的新的文本——在乐律学方面作了整理工作的新文本。不是炒冷饭，而是对这份特定文献的整理工作中必要的一步……而琴五调用于钟律调律的发现，至少已在客观上使得历代一些难解与不可解的乐律学史料死而复生，并为乐学史的深入研究提供了钥匙。"[3]中国艺术研究院音乐研究所研究员冯洁轩在该书序二中说："书中梳理校核曾侯乙钟铭文，集今贤研究之大成，间以已意取裁，包罗无遗，条理明晰，精辟沉稳。后之研究者得此一卷在手，即获全豹。即此，亦作者为学林所立之一大功德。又其对钟律与琴律所作比较论证，在前辈研究的基础上，进一步提出'钟铭是对琴律的具体描述'这一重要观点，指出琴五调与钟律的对应关系，从而揭示了曾侯钟律的内在逻辑，为中国律学史的研究作出了新的贡献。"[4]

本节只就这一系列研究中的一些主要情况，如铭文内容及其研究的成果作简要介绍：

（1）铭辞内容简述

①编钟铭文。全部共三千七百五十五字，分别见于钟体、钟架和挂钟构件。钟体铭文二千八百二十八字。六十五件钟每件都有，少者三字，多者九十字。铭文铸于钟体的钲间、正鼓和左、右侧鼓。其内容可分为记事、标音和乐律关系三部分。

记事铭文：中层甬钟的正面（即有斡面）和下层甬钟的背面（无斡面）（按钟在钟架上悬挂的位置而言均为外侧）。其钲间均有"曾侯乙乍（作）𧥛（持）"五字，表示这些钟为曾侯乙所制作、持有和享用。镈钟一面（内侧）钲间铸三十一字铭文，记载着楚王为曾侯乙作宗彝之事。

标音铭文：中层甬钟的正面和下层甬钟的背面以及钮钟的

一面（外侧）。其正鼓或左右侧鼓，标有所铭处乐音的名称，即阶名和变化音名。其基本称谓是宫、羽角、商、徵曾、宫角、羽曾、商角、徵、宫曾、羽、商曾、徵角等。

乐律铭文：有九件钮钟（内侧）从钲部中间至正鼓，均直书着乐律名称，如割煒（即姑洗，以下有的直称姑洗）之宫、黄钟之宫等等。中层甬钟的背面和下层甬钟的正面铸有可以连读的铭文，论及乐律间的关系。其具体内容有三：

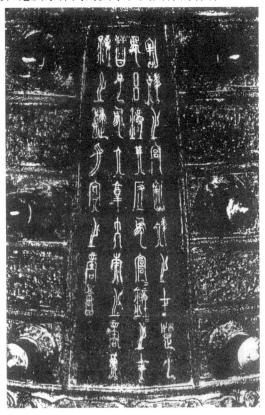

图三八　编钟下层二组 5 号钟钲部乐律铭文

　　a. 律名对应关系。主要是指曾国的某律与其它国家或地区的律名的对应关系，涉及到的国家和地区有楚、齐、周、晋、申五个。例如，下层二组 5 号钟的连读铭文："割煃（姑洗）之宫。割煃（姑洗）之才（在）楚号为吕钟，其坂（反）为宣钟。宣钟之才（在）晋号为六墉……"（图三八）译成现代乐律和现代汉语，它的意思是此音为 C 调的 do。其律名在曾国称"姑洗"，在楚国称"吕钟"，其高八度称"宣钟"。"宣钟"在晋国称"六墉"。铭文涉及到的律名共二十八个，仅曾律的"姑洗"、"妥宾"（即"蕤宾"）、"无铎"（即"无射"，读如 yì）、"黄钟"、"郦钟"（即"应钟"）、"大族"（即"太簇"）和申律的"迟则"（即"夷则"）这七个律名是先前文献中已见到的，其余则是首见。具体律名的对应关系，详见下表：

曾国与有关各国或地区律名对照表

国名地名 ＼ 音名律名	C	#C或bD	D	#D或bE	E	F	#F或bG	G	#G或bA	A	#A或bB	B
曾	姑洗 宣钟		妥宾		韦音		无铎 嬴孚		黄钟 郦钟 郦音	大族		濁姑洗 穆音
周									郦音	刺音		
楚	吕钟	濁坪皇	坪皇	濁文王	文王	濁新钟	新钟	濁兽钟	兽钟	濁穆钟	穆钟	
晋	六墉										棨钟	
齐							吕音					
申				迟则								

　　b. 阶名对应关系。主要是以姑洗均（调）中某音为核心，阐述它在别的均中的音级和名称。例如，下层二组 7 号钟："姑洗之羽角，为文王羽，为坪皇徵角，为兽钟之羽颟下角……"译成现代乐律，其意思是 C 调的 do，即 E 调的 la，

即 D 调的 si，亦即^{b}A 调的$^{\#}$mi……此类铭文论述的核心阶名包括了十二个半音的全部基本名称。其基本称谓体系由徵、羽、宫、商为核心而构成。其含义为上方大三度音的"角"字与这四个阶名结合构成徵角、羽角、宫角、商角，分别表示徵、羽、宫、商上方的大三度音。四个核心阶名后缀"曾"字，分别名为徵曾、羽曾、宫曾、商曾，借以表示徵、羽、宫、商下方的大三度音。十二个半音的基本称谓之外，在同一音位里，往往还有一至十三个异名，连同钟架及挂钟构件铭文中的阶名及其异名，总共达六十六个之多。

c. 八度音对应说明。主要是记载音级相同而音区或所在八度组不同乐音的名称的对应关系。其中有些以律名对应，有些以阶名对应。例如，下层二组 5 号钟铭文："割巂（姑洗）之宫。割巂（姑洗）之才（在）楚号为吕钟，其坂（反）为宣钟。"又如，下层二组 2 号钟铭文："太（太）族（簇）之宫，其坂（反）才（在）晋为棨钟。""反"字代表高八度。上文的意思是姑洗律的高八度叫宣钟，太簇律的高八度叫棨钟。

再如，中层一组 7 号钟铭文中有"新钟之羽，浊坪皇之商，浊文王之宫"，"兽钟之徵，浊坪皇之少商，浊文王之巽"。中层二组 8 号钟铭文有"文王之羽，新钟之徵，浊坪皇之宫"，"新钟之终，浊坪皇之巽，浊姑洗之商"。这里"浊坪皇"的"商"与"少商"，"浊文王"的"宫"与"巽"，"新钟"的"徵"与"终"，"浊坪皇"的"宫"与"巽"，均为相隔八度的阶名。

八度阶名对应，主要用于徵、羽、宫、商、角五声。其表示方法有两种：一是专名法，如上引铭中的"终"、"巽"；二是加缀法，如某音前加缀"少"、"浊"，加缀"少"表示高八度，加缀"浊"表示低八度。

除钟体铭文外，钟架中下层横梁上和中下层铜挂钟构件上也有铭文。钟架木梁上的刻文共一百八十七字，内容为悬钟位置的标记，是将此处所悬钟正鼓音在姑洗均的称谓，以"姑洗之某"句式刻于其上，便于挂钟时能对号入座。如南架中层横梁朝南的一面（即外侧），从东往西依一定的间距顺序刻着"姑洗之商"、"姑洗之宫角"、"姑洗之徵"……九行文字，分别与对应悬挂九件钟（中层一组 3 号钟至中层一组 11 号钟）正鼓部标音一致。其刻文中的阶名与钟体铭文所见相同，仅仅多出一个前缀词"大"字，表示低一个八度，而有"大羽"、"大宫"之称。

挂钟构件铭文共七百四十字，除中层一组 1 号钟、中层一组 2 号钟挂钩因直接焊于铜套上而无字外，其余甬钟及镈钟挂钩上都有文字，字数不等，均系镌刻。这些铭文是各构件与相应钟配套关系的标记。其内容取所悬钟正鼓音在某均中的称谓，以"某律之某音"的句式刻在各主要零件上，少数零件尚有编号。仔细清理中层所用框架钩上的铭文，其内容可分三组：一为"赢孠之某"；一为"玟钟之某"；一为"㘴钟之某"。这似乎是中层三个钟组的组别标记。"赢孠"是"无铎"的同律异名，钮钟乐律铭文说明其音位比后者高八度。据测音结果，"赢孠"均相当于现今 $^\sharp$F（或 $^\flat$G）调。"㘴钟"、"玟钟"两名不见于钟体铭文，是框架钩铭文中特有的两个名词，疑为律名或钟组名称。经与所悬钟查对整理，这三组铭文里"赢孠"、"玟钟"、"㘴钟"之后所标的阶名，依然是所挂钟的正鼓音在姑洗均中的称谓。因此，有学者认为这里的"赢孠"、"玟钟"、"㘴钟"分别为甬钟短枚钟、无枚钟、长枚钟的专用名称。不过，也有不同意见，尚需进一步研究。

②编磬铭文。编磬的石磬块、铜磬座、木磬匣上也有铭文，共八百一十四字。其内容包括记事、编号、标音和乐律关系四类。

记事铭文：磬座西端怪兽座舌上镌刻"曾侯乙乍（作）䇓（持）用终"。它标明此磬是曾侯乙制作、持有和享用的。木磬匣盖面均刻有所藏何磬及其数量"。例如，N·9匣刻"姑洗十石又三才（在）此"八字。

编号铭文：磬块上的编号均刻在首端，表明各磬的序数。如"六"、"八"、"十三"……，依磬体从大向小编列。木磬匣内槽头亦有编号，标明所藏何磬。其槽的大小正好与该磬相当。

标音铭文：它们均刻在磬块鼓部西面（就在墓坑内悬挂状态而言）靠鼓上边，或另外墨书标在首端或尾端。例如，下层3号磬鼓部西面刻"浊姑洗之宫曾"，首端除刻编号"十九"外，另墨书"宫曾"二字。标音以浊姑洗均为纲，所标音名即该磬音在浊姑洗均的称谓。

乐律铭文：它们均刻在磬块上、下、尾端，文可连续。上端刻文自成一句，下端和尾端刻文为一句。其内容为记述磬音在不同调中的阶名对应关系。如下层6号磬有"穆钟之壴反，姑洗之终反"（上端）。"新钟之少羽颠之反，浊兽钟之巽反"（下、尾端）。这些关于阶名对应关系的记述，是针对曾、楚乐律而言的。例如，构成各均的律名共十二个：姑洗、浊姑洗、穆钟、浊穆钟、兽钟、浊兽钟、新钟、浊新钟、文王、浊文王、坪皇、浊坪皇。其中姑洗、浊姑洗是曾律，其余均楚律。磬铭所见阶名一般都见于钟铭。仅一个"啻"字作为"角"的异名在上层 9 号磬上端出现过。

（2）钟磬铭辞在乐律学史上的重要意义

当对钟磬铭文作了全面的梳理考释后，人们惊喜地发现：这些铭文简直就是一部中国古代乐理专著，一部不朽的音乐典籍。将其与测音所获音响资料相对照，中国音乐史上许多长期争论不休的问题豁然开朗。黄翔鹏说："曾侯乙钟铭无论在律学或乐学方面，都给我们揭开了先秦乐律学史中光彩夺目的一页。""许多新材料对于解决传统乐律学的许多历史悬案具有重大价值；对于汉、唐以后的乐学，则可起到接上断线、揭示本源的作用；对于因失传而产生的种种误解、妄断，则有澄清混乱、还事物以本来面目的重要意义。"[5]裘锡圭也说："编钟和编磬上关于乐律的成套铭文，全面反映了公元前 5 世纪我国在乐律学上所达到的高度水平，解决了古代音乐史的很多重要问题。"[6]

①关于十二律。十二律的产生及计算方法，在不少古籍中早有记载。《管子·地员》就有三分损益法产生十二律的记述。但是后人有谓《管子》一书非春秋时管仲所作，乃战国人伪托，因而对三分损益法存有疑惑，认为春秋时不可能有十二律。不过，在《吕氏春秋》中也有关于三分损益法产生十二律的记载。虽其计算的方法与管子有异，然亦可见其在秦以前已有三分损益法在流行。学术界还有一种说法，有人提出中国的十二律是汉以后从希腊传入的，不是我们的祖先自己创造的。现在曾侯乙钟磬铭文的考释研究，证明在曾国十二律名已经齐全，在相当于十二律各个音位的律名竟有二十八个不同名称。这说明曾国十二律是经过漫长的发展过程才达到这一辉煌的地步，由此证明十二律为汉代以后外来之说是站不住脚的。相

反，《管子·地员》所载五度相生的三分损益法却得到了有力的实证。由于曾侯乙钟的生律法就是以《管子》中提到的五度相生为主，以纯律三度相生为辅，也可以说是以五度相生为框架，采用五度相生律，以三度为枢纽，采用纯律，以三度相生作为五度相生的补充。这是一种前所未知的生律法，黄翔鹏称之为"颛顼三度生律法"。由这种生律法产生的律制是一种最适合钟、磬、琴、瑟的律制。人们称其为"复合律制"。

②我国使用七声音阶的问题。由于过去所知先秦史料中未发现"变宫"一词，因而我国何时使用七声音阶的问题长期没有定论。甚至有人认为七声音阶是汉以后随着佛教的传入而从国外传来的。在曾侯乙钟铭文考释及编钟演奏实践中，都证明了钟磬铭文的阶名是以传统的宫、商、角、徵、羽为主（曾侯乙钟的音列是徵、羽、宫、商、角），相当于现代简谱里的 1（do）、2（re）、3（mi）、5（sol）、6（la）。"徵"、"羽"在铭文中写作"峜"、"珝"，而且铭文中出现了"龤宫"（变宫）与"龤峜"（变徵）二词，说明当时确实已有了变宫（si）、变徵（fa）音，加上前述五音，即成了宫（do）、商（re）、角（mi）、变徵（fa）、徵（sol）、羽（la）、变宫（si）七音。不过，铭文中每逢"变宫"之音位，即采用"徵角"或"徵颛"二词；每逢"变徵"之位，即采用"商角"一词。有学者说这是由于"变宫"、"变徵"是属于周文化旧音阶系列的名称，而曾国所用的音阶属楚文化的新音阶系统。从上述曾侯乙编钟甬钟全部标音铭文中还可以看出：低半音的第四级"珝曾"共出现十一次，而高半音的第四级"商角"也出现三次。这说明此套编钟采取七声新音阶为其基本音列。编钟测音与演奏实践也证明，可以奏出五声、六声、七声音阶的乐曲。这表明，战

国以前确已存在并使用七声音阶了。

　　③先秦时代能否旋宫转调的问题。所谓"旋宫"，其古义是指宫音的移位；"转调"，其古义是指宫音定位后音列不变的情况下调式主音的更替。如把"黄钟"定为宫音，叫"黄钟宫"；把"大吕"定为宫音，叫"大吕宫"。黄钟宫音就比大吕宫音低。宫音确定，其它各音用哪个律就确定了。《礼记·礼运》中就有记载："五声六律十二管，旋相为宫。"这里的"旋相为宫"，就是"旋宫"。由于汉以后一段时期宫廷雅乐"惟用一宫"，有人就认为我国在隋、唐时期才从国外引进"旋宫"的方法。曾侯乙钟磬铭文的全部考释及测音与实奏的结果，充分证明此种说法是站不住脚的。黄翔鹏指出："a. 全套用于演奏的甬钟，其音高从倍低组 C_2 开始，至最高音 C_7 止，跨五个八度还多，只比现代钢琴的音域两端平均少一个八度。在中心音域部分约占三个八度的范围内，十二个半音齐备，这就具备了旋宫转调的能力。b. 据测音结果，确知此套钟姑洗宫中·二·7 音高标准（512·9HZ），以此对照铭文中在各国比较流行的十七个律高（二十八名），经验算其精确程度比较可靠，说明春秋战国之际我国已存在精确的绝对音高概念，并在实践中加以运用了。c. 从铭文中各诸侯国间不同律名、阶名、变化音名之间的关系，也可以看出曾侯乙钟具备了旋宫转调的能力，其旋宫的范围也大大超过了《周礼·春官·大司乐》所载。在实际演奏中已能奏出采用和声、复调以及转调手法的乐曲。d. 从上述铭文考释中还可以看出，钟上有标音铭文，钟架横梁上也有标音铭文，悬钟挂钩上也有铭文，且能对号入座。说明它是根据实际需要而定的，是为了旋宫转调的需要，在改变位置用完后，能按照铭文对号入座以恢复原有的序列，这也是能旋

宫转调的又一证据。当然，它们还不很完备，从旋宫角度来说
还难以解决某些音律的矛盾，它以姑洗宫为基调，其^bB 音偏
高，而 B 音偏低，旋宫转调存在一定局限性。不过实奏的结
果表明它的旋宫能力可达六宫以上。已经足以证明旋宫转调的
问题，我国在春秋战国之际不只是纸上谈兵，而是在实际上已
能较广泛的使用了。"[7]

（二）工艺品

曾侯乙墓出土的众多文物，具有极高的工艺美术价值。它
们数量众多，品类齐全，造型奇特，纹饰华美，制作精巧，
显示出先秦时期辉煌的艺术成就，在我国古代美术史上占有重
要地位。

1. 新、奇、巧的造型

曾侯乙墓出土的许多文物在造型上都具有新颖、奇特、精
巧的特点。虽然从总体看，受当时礼乐制度的影响和历史的局
限，许多礼乐器沿袭了商、周以来的传统，但却没有因循守
旧，而是在许多方面有重大的创新。例如，编钟筍虡，形体高
大，气势磅礴，结构新颖，安装精巧。其中钟虡铜人形象逼
真，神态威武；钟筍铜木构件，既实用又美观。这种造型与设
计，以前何曾见过。又如，青铜鉴缶（冰鉴）、尊盘、联禁对
壶（图三九）等，从形体到结构，从部件的塑铸到整体的组
装，都是创新之作。尤其是各类器物附件的装饰，如铜器的支
座、足、钮、提链等，漆木器上的腿、耳、盖等，多以动物的整
体或局部,有些甚至是以飞禽走兽的瞬间动态或一些不可名状
的怪物，构成世上所无、人间未见的奇特形象。这种新奇造型的

图三九　青铜联禁对壶

图四〇　彩绘髹漆木雕
　　　　鸳鸯盒

目的，在于增强视觉的美感和威严肃穆的意境。还有些器物，设计灵巧，整体造型宛如活物，内里中空又有实用价值。如鸳鸯漆盒，形似鸳鸯，头可转动，身有盖可开启，盒内空可盛物（图四〇）。总之，曾侯乙墓的文物，虽然绝大多数是实用器，却具有极高的审美价值。

2. 丰富多彩的装饰花纹

此墓出土的众多文物在装饰花纹上，内容丰富，风格多样，色彩绚丽。不论是铜器、金玉器、漆木器、皮甲胄，还是漆棺的纹饰，均品类繁多，题材极为广泛。它们所描绘的既有现实的日月星辰、自然景观和人物、动物，又有想像的龙凤神兽，还有各种几何图形。取材多来源于现实生活，亦有神话传说和幻想，是现实主义与浪漫主义的有机结合。青铜礼器以端庄为先，整体装饰多持重，局部点缀则变化灵巧；玉器重在小巧玲珑，刻画入微，生动活泼；漆木器重华丽，潇洒豪放，变幻多端。在色彩的运用上，以红、黑及古铜色为主调，施彩讲究设色鲜明，灵活多变。青铜器质为古铜，本色庄重，为增其美感，在器物的关键部位或花纹需要突出的部位，错以黄金，嵌以绿松石，填以各色矿物颜料，使色彩富于变化，收画龙点睛之效。玉器还用"俏色"技法，将玉料纹理与不同色彩安排在雕琢的形象之中，使制品增彩添辉。漆木器的色彩配置，更是绚丽多彩，以红、黑为主，对比鲜明，但在重要制品的重要部位，增施异彩。例如，墓主内棺足档窗户两旁所绘凤凰，意在引导墓主人灵魂出入，朱底墨绘形象，首、尾、羽毛另加色彩，增其艳丽雄姿，十分引人注目，显然是为突出主题而有意设计的。

3. 娴熟的工艺技巧

在所有出土文物的工艺技巧上，集中了先秦已具备的塑、雕、镂、刻、琢、镶、铸、嵌、填、错、印、髹漆、彩绘等技术手段，因质施技，巧妙运用。青铜器的造型，以塑（塑模）、雕（圆雕、浮雕、透雕）为主，先塑铸出主体或装饰部件，再加刻（线刻）、镶（如用红铜镶出龙凤之身或头、足）、嵌（如用绿松石嵌出动物之眼）、错（磨错、抛光），然后通过铸接、焊接、铆接或组装，使之整体成形。漆木工艺品的造型，也大都运用圆雕、浮雕而成形，然后加镂、刻、髹漆、彩绘，增其美观。例如，四件木雕漆盖豆均分别用两块整木雕成：先用一块雕出整体（座、柄、鼻、耳），耳先雕成饕餮形状，再镂空其两侧；另用一块整木雕出豆盖，盖顶浮雕仿铜器云纹、龙纹。整器遍髹黑漆为地，再用朱漆描绘花纹图案，色彩艳丽，盎然成趣。在玉石器的造型和装饰上，运用雕、琢、刻、镂的技艺更加娴熟自如。一件十六节龙凤玉佩，长 48 厘米，宽 8.3 厘米，厚 0.5 厘米，采用分雕连接法制成。先将五块玉料，各镂空套雕成十六节，各块之间再以三个榫卯合成的活环和一件玉梢钉连成一体，各节又透雕、平雕、阴刻花纹。全器共雕刻出三十七条龙、七只凤、十条蛇，还有云纹、谷纹、斜线纹等，布局严谨对称。仔细观察，龙、凤、蛇的形态各异，其中还有凤抓蛇的画面，生气盎然。综观全器，设计精巧，雕刻精湛，玲珑剔透，转折自如（图四一）。其它玉器上塑出的各种动物形象维妙维肖，刻工细腻。例如，牛之鬃、鸟之喙、龙之鳞、凤之翅、鱼之须、兽之爪都刻得细致入微，生动逼真。

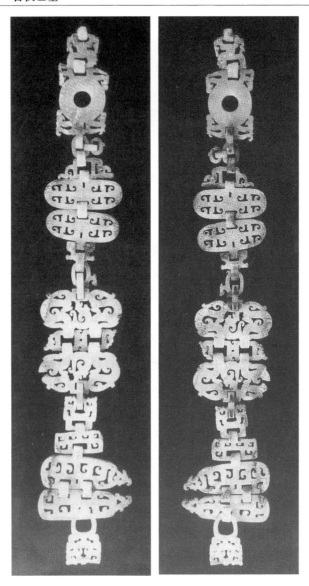

图四一 十六节龙凤玉佩（正面、背面）

（三）雕　塑

1. 广泛的题材

在曾侯乙墓文物中，有大量的雕塑艺术精品，虽然大多数是礼乐器和其它器具上的装饰或支座，独立成件的塑品较少，但它们在艺术上的成就却是不可低估的。从雕塑用材上看，有青铜、金、玉、铅、锡、木、骨等多种，以青铜居多。其造型有动物，有人物，还有其它形象，以动物居多。

动物雕塑品除了龙、凤、怪禽、怪兽，兽类有虎、豹、鹿、犀、牛、羊、猪、狗、猴，禽类有鸳鸯、鹤、鸡、鸭、鹅、鸟，爬行类有蛇、蟒、龟、鳖，水族类有鱼等，共约二十余种。有独立成器具的，如木雕盘鹿、梅花鹿（图四二），木

图四二　彩绘髹漆木雕梅花鹿

图四三　青铜怪兽磬座

雕鸳鸯漆盒，玉雕牛、羊、犬、豕等；有以动物整体造型作礼乐器装饰或支座的，如编钟架横梁上的爬虎挂钩，联禁对壶的兽形足，盖鼎上的牛形钮；有取动物某一局部造型作礼乐器装饰或支座的，如编钟甬旋上的猴头斡（即钮）、兽头斡，青铜钟簨套上的浮雕龙首；还有集多种动物的局部于一体，塑造出自然界所没有但古人视为吉祥之兆的非禽非兽"神物"的，如青铜鹿角立鹤、青铜怪兽磬座（图四三）等。这一切都反映出曾国雕塑艺术匠师们独创的构思和丰富的艺术想像力。

人物雕塑品有三种：木片俑、双面玉人和青铜武士钟虡。前两种都是作为殉葬用偶人而独立成件的，体积很小，造型简单，仅形体与面部像人而已，未经多大的艺术加工。与之相反，后者则是用作钟虡，塑得精细入微，栩栩如生。六个武士均采用圆雕加线刻的技法，先塑人身、首、面、臂、衣裙，然后线刻出衣纹、服饰，并髹漆彩绘。这些塑像形体魁梧，姿态稳重，仪表端庄，双目有神（图四四）。

还有一大批以其它形象塑造的雕刻作品，如以宇宙的星云、植物界的花草、动物变形的几何图案刻画的工艺品。这类作品以玉雕居多，亦不乏精品。

2．可贵的创作构思

曾侯乙墓雕塑品的作者，在创作思想上较前人有明显进步的特点，即现实主义的因素增多。殷商、西周的雕塑，大都充溢着神秘、威慑的色彩，表现的是神化的人或兽，或是在神的威慑下生存的人。曾侯乙墓雕塑则注重写实，刻镂细腻。墓中出土的铜人武士，不论从形体、服装到佩戴以及面部表情，均来源于生活的真实，但又不囿于写实，从形到神都作了艺术的夸张，达到了形真神切。例如，人体双臂的处理，不受现实的

图四四 青铜武士钟虡

约束。位于钟架横梁转角处的两个铜人,由于长短梁高低不一,两者以九十度交角,铜人双臂需要承重,因而双臂一长一短。这样处理反而让人觉得铜人是"巧负重载",具有神力。这种将审美价值与实用价值有机结合在一起的创作方法实属可贵。在动物雕塑中也是如此,注重写实,又不囿于写实。取整体造型者,不论是虎、犬、牛、羊,还是凤、鸟、鸡、鹅,不仅取其形真,还求其神似。在取其完整体态的同时,尤注意摄取最富特征的动态,如凤之展翅、虎之奔驰、鹿之呦鸣、鹤之飞翔、鱼之潜游,均给予艺术的夸张,以求维妙维肖的意境。取局部造型者,则注意摄取其最富特征的部位,如猴头、犀首、兽蹄、禽足,并给以描绘和夸张,以求达到形神兼备的效果。这些都表明曾国艺术匠师善于观察生活,在熟知表现对象生活习性的基础上着力于捕捉其瞬间动态,从而强化了作品的艺术感染力。此乃曾侯乙墓雕塑品在艺术上富有生命力之所在。

在此墓出土的雕塑品注重写实的同时,也有神化的作品。所不同于前代的是,神化的雕塑,经由视觉给人的感受不是威慑、恐惧,而是一种轻盈、欢快的联想。如青铜磬座,集龙首、鹤颈、鸟身、凤翅、鳖足于一体,作为磬架支座承载石编磬,给人的感受是四足着地,身躯稳重,引颈展翅,体态轻盈。既不失礼器的庄严,又能收乐器悦人的效应。石磬未鸣,就用美妙的造型把听众带入了艺术的境界。

3. 多种技法的巧妙运用

此墓出土的众多文物,将圆雕、透雕(镂空雕刻)、浮雕(高浮雕、半浮雕、浅浮雕)、线刻等各种技法有机结合起来,以圆雕作品居多,还有集多种技法于一器的作品。从整体看来,除圆雕作品不乏精品外,镂空雕刻如青铜尊盘上龙、虎、

图四五　青铜鼎盖圆雕牛形钮

螭、虺，件件生动传神，青铜鼓座上圆雕加浮雕的数十条龙，条条活灵活现。另外，线刻用来加强雕塑的感染力，也取得了良好的效果。鼎盖圆雕牛形钮周身的线刻，如牛的臀部在几个圆圈内饰以三个旋涡式云纹，几笔勾勒，却看出骨骼粗壮、肌肉发达的健美体态，增强了生动真实的感觉（图四五）。

（四）绘　画

1. 漆画的题材

曾侯乙墓漆器上的精美漆画，是迄今所见的我国先秦时期的绘画精品，对研究我国古代绘画史具有重要意义。这批漆画的题材与品种，大致可分三类：

一类为装饰图案画。大多以动物、变形动物形象及几何图形构成画面,用于器物的装饰。如主棺的内外棺、陪葬棺、漆衣箱、漆盒、皮甲胄、漆木盾上都随处可见。这些装饰图案,以主棺内棺上的图案画最具代表性。其画面之大、构图之繁、设计之巧、形象之多、寓意之深,前所未见,实为难得的先秦艺术珍品。

一类为取材于神话故事或某些生活场景的寓意画。如漆木衣箱上的"弋射图"(图四六)、鸳鸯漆盒上的"撞钟图"与"击鼓舞蹈图"等。前者描绘的是神话传说故事,后两幅显然来自于现实生活的具体场景。

还有一类为书、画结合的作品。如漆木衣箱上的二十八宿天文图,以整个衣箱五个面为构图的整体,以圆拱形箱盖象征苍穹,在其上写字作画,用两维空间的画幅给人以三维空间的感受,增强了艺术的感染力。把书和画结合在一起,开创了我

图四六　彩绘"弋射图"漆木箱(局部)

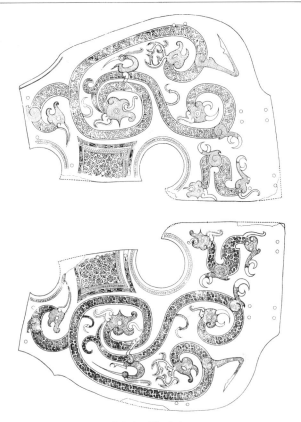

图四七　"龙虎图"马胄（线描摹本）

国书画艺术相结合的先河。

2. 漆画的构思与技法

除了品种与题材的多样，曾侯乙墓漆画的艺术构思也颇具匠心。其表现手法既讲写实，又富于幻想。例如，所画动物的品类无不来源于自然界存在的物种，多属于写实，但千奇百怪的个体形象，则是艺术的夸张，多出于幻想。又如，有一幅马胄上的龙虎图（图四七），把龙和虎融为一体，龙中有虎，虎中有龙，相互依存，且作飞舞和奔驰状，实乃浪漫主义与现实主义相结合的佳品。在整体设计和布局上，画师根据所饰器物的不同，善于巧妙的安排画面。例如，五件衣箱，除了二十八宿天文图运用器物的整体来构思，其它几件衣箱上还绘有天体之中的神话形象，如弋射图中的扶桑、金乌、玉兔、伏羲、女娲等。在造型结构上，讲究对称美。大至主棺内棺的两侧画面互为对称，小至一幅构图中多个动物向背对称与形体对称。这些作品既有变幻而又有规律，既重对称又不拘泥于对称，由简单的对称又可变化出纷繁复杂的形象，足见当时艺术匠师想像力之丰富。

在描绘技法上，也有独特之处。漆画皆用毛笔所作，用单线与平涂相结合的方法绘制。图案画用笔工整，线条刚劲有力，构图疏密有致，节奏感强。寓意画用笔潇洒，笔力遒劲，尤重笔锋和神韵，所绘形象生动活泼。在设色上也比较丰富，朱、黑、黄、金、青、灰均有，可谓五彩缤纷。不过，总体上又以朱、黑为主，色调鲜明，对比强烈。

（五）书　　法

1. 丰富的古文字资料

中国书法是以汉字结构为造型的依据，通过线的极为丰富的内部运动，以及由此而来的内在节奏，将丰富的徒手线（点、横、竖、撇、捺、提、钩、折等）集合在一起，给人以美的享受。这是东方文化特有的品种。曾侯乙墓丰富的文字资料，除了其内容具有极为重要的历史科学价值，它还反映了我国先秦时代书法艺术的高度成就。

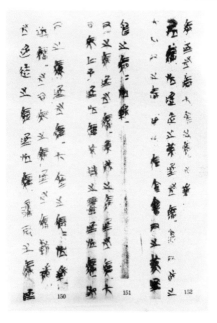

图四八　竹简

　　此墓文字以品类多，数量大，形体美，给人以繁花似锦的艺术感受。各类文字总数达一万二千多个。其中包括金文、石刻文、木刻文、朱书文(漆书)、墨书文(竹简、木板墨书)(图四八)。书写工具有刀、笔、墨、漆，书写方式有刻、画、铸、写。

　　2. 各类书法赏析

　　总体看来，各类文字变化多样，线条结构疏密有度，书写风格异彩纷呈，十分可贵。从字形、字体来讲，一万二千余字多为先秦篆书，属于东方六国文字体系。具体剖析，因载体和文字内容的不同，又各有其特点。在传统的篆书以外，还有鸟篆和图形文字，均别具风采。

　　鸟篆，也称鸟虫书，是战国早期的东南诸国金文中曾盛行

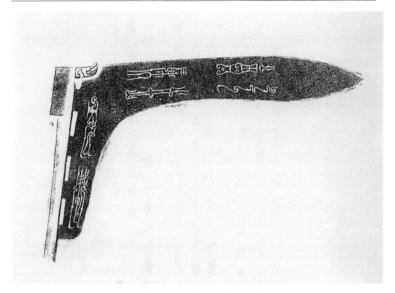

图四九　"曾侯乙之用戟"鸟篆铭文（拓本）

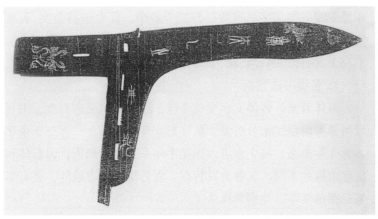

图五〇　三戈戟上由四条龙组成的"曾"字形图徽（拓本）

的一种特殊的文字。它是在字的本体之外用一些虫、鸟、龙、兽或其它纹样装饰而成的文字。其形态蜿蜒旋转，变化多姿，具有浓郁的装饰意味。曾侯乙墓出土的一件三戈戟的三个戈上就有"曾侯乙之用戟"六字鸟篆铭文，其中有两个还错了金。其字形在本体之外装饰的纹样多为兵器图形，如"𤿣"（侯）字酷似手持三戈戟的武士，"𩫠"（用）、"𩫠"（戟）二字无不像手拿兵器的卫士，英姿威武，严阵以待。其造型与内棺上彩绘的持戟武士与翼人十分相似。而"𩫠"（乙）字又像卷曲流动的云烟，冉冉升空（图四九）。由此可见，鸟虫书本体之外的装饰纹样并不是千篇一律，而是与作者广泛的联想和深邃的构思紧密相连的。此外，曾侯乙墓另一件三戈戟内上有一个由四条龙组成的"曾"字形图徽。它可能与郭沫若所说的"图形文字"相类似，"是古代民族的族徽，也就是族名或者国名"[8]。此图形构思奇特，造型生动，四条灵动的龙，雄踞四方，左右对称。上面两龙中间合抱一个"十"，构成一个"𡆠"字（即古"曾"字）。其线条轻重不一，虚实相生，龙头龙尾向外伸展，形成放射状。这种神采飞扬的龙腾雄姿，饶有生趣，使人们领略到当时书家丰富的想像能力和创造精神（图五〇）。

曾侯乙墓书法在艺术风格上，因载体和实用的不同，呈现出争奇斗艳之状。青铜礼器上的金文多追求端庄凝重，竹简上的墨书多舒畅流利，漆器上的朱书多起伏变幻，而木器上的刻文则注重形体的粗犷和刀法的遒劲。

此外，人们还从字形、字体上可以窥见一些承上启下的轨迹。除总体上以早期篆书为主外，有些字如"乙"字的多种形态，有的写法如行云流水而具草篆之意，又如"车"字则与云梦睡虎地秦简写法一样，已有秦隶的轨迹可寻。

（六）艺术成就溯源

为什么在春秋、战国时期一个比较小的诸侯国国君的墓葬里，竟会出现如此众多的艺术珍品，反映出如此高的艺术成就呢？笔者认为主要原因有三：

1．时代变革的产物

曾侯乙墓下葬于公元前 433 年或稍晚，正当战国之初。其随葬文物大多形成于春秋、战国之际。此时，政治上群雄割据，思想上"诸子蜂起"，学术上"百家争鸣"，社会秩序激烈动荡，是我国古代历史上一个变革的年代，同时也是一个富有生气的时代。旧的礼制面临挑战，社会制度正在变革，人们的思想观念必然发生变化，艺术匠师的审美观念也会受到影响。如前所述，在工艺美术里追求新颖、奇特、精巧，在雕塑艺术里追求跃动、灵巧、自然，在绘画艺术里强调浪漫与幻想的情趣。这一切都是时代变革在艺术领域里的反映。艺人们试图"以巧、奇、精的手法，来启动人的心灵……把人们引进一个艺术上的自由王国"[9]。这就是曾侯乙墓文物之所以千姿百态、丰富多采、新颖奇特、精致灵巧的社会原因。

2．历史发展的结果

春秋、战国之际，是生产力发展史上一个重要时期。春秋中期铁工具的使用，促进了生产力的发展，使经济走向繁荣，并使丰富多采的艺术创造成为可能。例如，此墓青铜制品重达十多吨，显然是有其经济基础的。没有较大规模铜矿的开采与科学的冶炼，显然制作不出如此众多精美的青铜器。郭沫若先

生关于殷周青铜器的分期,自春秋中叶至战国末年为第三期
——"中兴期"。这一时期"一切器物呈出精巧的气象,第一
期的原始风味全失,第二期的颓废倾向也被纠正了"[10]。曾侯
乙墓青铜器正好处在中兴期。它继承了前代的优秀传统又多有
创新,因而表现出新、奇、巧的时代风貌与艺术风格。从乐器
发展史来看,以编钟为例,青铜编钟(铙)始见于殷,流行于
周,春秋中期至战国中期是其发展的鼎盛时期,战国中期以后
逐渐走向衰落,汉以后几乎失传而少见了。曾侯乙编钟正好处
在其发展史上的鼎盛阶段,因此,规模空前,成就斐然。

3. 文化交流的结晶

此墓的竹简和编钟铭文,都充分说明曾、楚关系十分密
切。经考证,到曾侯乙之时,曾国已沦为楚国的附庸。因此,
在科学、文化、艺术领域里,曾、楚之间必然有着密切的交流
与融合。再从地望上看,曾国正处在黄河与长江的中间地带,
是中原诸国与南方楚国犬牙交错的结合部。地理上的形势亦不
可能不影响科学文化艺术的发展。它给彼此间的文化交流以有
利的客观环境。编钟铭文中关于律名及其在各国或地区间对应
关系的记载,就是这种文化交流的具体记录和结晶。

注　释

[1] 罗伯特·坦普尔(英)《中国的一百个世界第一》,转引于《新华文摘》1988
　　年第5期。

[2] 前两句见《国语·周语下》。后两句见清·杜文澜辑《古谣谚·帝载歌》,中华书
　　局1958年版。

[3] 黄翔鹏《曾侯乙编钟钟铭校释及其律学研究·序》,人民音乐出版社1997年
　　版。

［4］冯洁轩《曾侯乙编钟钟铭校释及其律学研究·序二》，人民音乐出版社 1997 年版。

［5］黄翔鹏《曾侯乙钟磬铭文乐学体系初探》，《溯流探源》，人民音乐出版社 1993 年版。

［6］裘锡圭《谈谈随县曾侯乙墓文字资料》，《文物》1979 年第 7 期。

［7］黄翔鹏《先秦音乐文化的光辉创造——曾侯乙墓的古乐器》，《文物》1979 年第 7 期。

［8］郭沫若《古代文字的辩证的发展》，《考古学报》1972 年第 1 期。

［9］张光福《中国美术史》第 41 页，知识出版社 1982 年版。

［10］郭沫若《青铜器时代》，《青铜时代》，科学出版社 1957 年版。

六　先秦科技的光辉成就

对曾侯乙墓文物的多学科研究，开掘出了许多先秦科学技术的新资料。人们惊奇地发现，此墓简直就是一个科学宝库。它从诸多方面反映了我国先秦科学技术的光辉成就，同时，也提出了许多有待进一步探索的课题。

（一）天文学

在各类自然科学中，天文学是一门发展得最早的古老学科。恩格斯曾经指出："必须研究自然科学各个部门的顺序发展。首先是天文学——游牧民族和农业民族为了定季节，就已经绝对需要它。"（《自然辩证法》）

西亚的两河流域在公元前 30 世纪的后期就已经有了历法。公元 1853 年在亚述出土的公元前 1100 年的泥砖（板）上的楔形文字，就有大量古巴比伦（约公元前 19 世纪～前 16 世纪）天文历法知识的记载。闻名世界的埃及金字塔，在当时没有罗盘的情况下，就是用天文方法测定了南北方向。据近代测量，最大的一座金字塔在北纬 30°线南边 2 公里的地方。塔的北面正中有一入口，从那里走进地下宫殿的通道，与地平线恰成 30°的倾角，正好对着当时的北极星。其南北方向非常准确[1]。

中国是世界上天文学发展最早的国家之一。几千年来，中国积累了大量宝贵的天文资料，受到各国天文学家的广泛关注。天文学文献资料的丰富，仅次于农学、医学，可与数学并列，是构成中国古代最发达的四门自然科学之一。在文物考古领域里，我国出土的古代天文文物也十分丰富。从原始社会反映观象记录的彩陶太阳花纹，到用于祭天授时、刻有太阳初升图形文字的陶尊[2]，再到殷代的干支纪日甲骨，直到后世的天文星图壁画及各种天文观测仪器，琳琅满目，多姿多彩。它们为我国天文学史的研究提供了丰富而珍贵的资料。

1. 曾侯乙墓的天文文物

曾侯乙墓出土漆木衣箱五件，编号 E·39、E·45、E·61、E·66、E·67。它们形制相同，大小相近，纹饰与铭文各异，但都与天文星象或天地宇宙间的神话故事有关，堪称研究我国先秦天文学的珍贵资料。

这些衣箱皆木质髹漆，箱身、箱盖分别用整木剜凿而成。箱身作矩形，内部剜空较深，便于盛物。盖作拱形，内空较浅，顶部的两侧各凸出一个凹形鼻，以便扛抬，开启而翻置时可起足的作用。箱身与盖的四角向两端均伸出把手，把手中部周边刻有浅槽，便于扣合后捆缚和系绳扛抬。有四件衣箱的顶部阴刻铭文。其中 E·66 刻"止匫"与"后匫"，E·67 刻"狄匫"，E·45 刻"君（帬）匫"，可见这类器物当年自铭为匫。《说文》："匫，古器也。从匸，智声。"类似今日的箱、匣。另一件刻"紫檢（锦）之衣"（E·61）。由此可见，此类匫当为装盛衣服的箱子，故可称为衣箱。

湖北省博物馆研究员刘信芳对此作了考证，认为五件衣箱应视为互有联系的一个整体，所刻铭文表示其所盛衣服各不相同。"止"，《诗经·商颂·玄鸟》："维民所止。"郑笺："止，犹居也。"《诗经·鄘风·相鼠》："人而无止。"毛传："止，所止息也。""后",除可释为"后宫"外,亦可解释为"曾侯乙白天宫廷礼仪活动之后"。刻有"止"、"后"的衣箱,可视为盛装曾侯乙处理完宫廷政事后,在后宫居息时所穿衣服的箱匣。"狄",《周礼·内司服》:"榆狄,阙狄。"郑众注:"榆狄、阙狄,画羽饰。"郑玄注:"狄,当为翟,雉名。"因此,刻有"狄匜"的衣箱,应当为曾侯乙专门盛装以鸟羽为饰衣服的箱子。另外,在此箱顶上绘有四只鸟,在箱侧、档上绘有鸟纹均可以为此说的佐证。刻铭"紫锦之衣"者,当为盛装紫色织锦衣服的衣箱。"帬",应释为衣裙。《释名·释衣服》:"裙,下裳也。"刻"帬匜"者,当为盛装下裳(裙)的衣箱。只有一箱无刻铭,其箱盖顶与箱身旁绘龙纹。《周礼·司服》:"享先王则衮冕。"郑众注:"衮,卷龙衣也。"绘龙纹之衣,当为帝王祭祀先王时所穿之衣。因此,此箱可视作曾侯乙为盛祭祀先王时所穿卷龙衣的箱子。同时,刘信芳还认为,五只衣箱之间似乎没有严格的系统性,也没有文献记载那样规范[3]。笔者以为其论可信。

　　《尚书·益稷》:"帝曰:……予欲观古人之象,日、月、星辰、山、龙、华虫作绘……以五彩彰施于五色作服。"这是帝舜询于禹关于古之衣服章文之制的记载。《易·系辞下》亦有"黄帝尧舜垂衣裳而天下治,盖取诸乾坤"的记载。王弼注曰:"垂衣裳以辨贵贱,乾尊坤卑之义也。"这就是说,自黄帝、尧、舜以来,古代衣服所绘(或彩绣)章文皆有尊卑等级之分。至周代,王室内更有"司服"之职专司其事。其纹饰图像多来源于自然界,或天象,或山川,或动物,或想像的事物,或神话等。其中以日、月、星辰之象为最尊,非天子诸侯皆莫能用。衣裳服饰如此,盛衣之箱自然也不能逾越。明白此理后，再来观察此墓衣箱上的纹饰图像，就能理解衣箱上保留许多与天文有关的图像的原因了。当然，由于历史的局限，这一切不一定是很规范、很系统的。尤其曾侯乙生活在春秋、战国之际，正处在一个变革的时代，礼制日微，僭礼越位之事甚多。因此，E·66 箱顶中间篆书"斗"字，四周环以二十八宿之名，并绘有苍龙、白虎，一端绘有太阳纹，一端绘蟾蜍形象。E·61 箱顶绘有后羿射日与伏羲、女娲的神话故事。E·39 箱绘有"卷龙"。E·67 箱绘有凤鸟。E·45 箱应解释为盛下裳之箱，就不应列在"以五彩彰施于五色作服"之列了。

2. 衣箱上的二十八宿天文图

E·66 衣箱上绘的日、月、星辰之象，应该从天文学角度来进一步分析和理解：

首先，从箱体造型看，箱体作矩形，箱盖拱起。这正是西周初我国古老的宇宙理论"盖天说"的反映。此种学说最初主张天是圆的，像一口扣着的大锅；地是方的，像一张棋盘，即通常所说"天圆地方"。后来又修改为"天像盖笠，地法覆盘，天地各中高外下"（《周髀算经》）。这称"新盖天说"，也有人称"第二次盖天说"[4]。意思是天像圆形的斗笠，地像扣着的盘子，都是中间高四周低的拱形。圆拱形的天，罩着拱形的地。此衣箱的造型就是这种学说的形象描述。圆拱形的箱盖象征天穹，矩形的箱身象征大地，盖顶及其两侧所绘图像则是古人对宇宙天地观察所获知识的形象记录。

其次，箱盖顶中央篆书一大"斗"字，代表北斗天极。我国古代天文学一直把对北斗、北极星的观测放在极重要的位置上，认为北极是不动的，北斗及其它恒星都在绕着它旋转。靠北极最近的亮星，便是北极的标志。人们就是这样将北斗与北极联系起来，以此定方位，定季节时令。《淮南子·齐俗训》云："夫乘舟而惑者不知东西，见斗极则寤矣。"《史记·天官书》说："北斗七星，所谓'旋玑以齐七政'……斗为帝车，运于中央，临制四乡，分阴阳，建四时，均五行，移节度，定诸纪，皆系于斗。"因为肉眼观察到的北极星，位置是固定的，只有枢纽的作用。由北极而北斗，北斗十分显眼，就不难测出它们的方位的变化。所以，先民观察北斗的回转以定四时，定十二月（斗建）。E·66 衣箱顶上的大"斗"字，就是这种观象思想的体现，用以表示北斗天极，象征天球的中央[5]。

其三，绕"斗"字所书文字为二十八宿的全部名称。在我国古籍中关于二十八宿的记载不少，具体名称大同小异。我国学术界对此已有许多考证研究，取得了共识。此箱上的二十八宿称谓与史载小有差异，但其为二十八宿是毫无疑义的。华中师范大学黄建中教授曾将此箱上二十八宿之名与历代文献所见作了一个对照表，使人一目了然。现照录如下，供读者参阅[6]：

二十八宿名对照表

石氏	甘氏	有始	天文训	律书	擂墓	附　注
角	角	角	角	角	角	
亢	亢	亢	亢	亢	坠	1. 表中□号表示原文缺。
氐	氐	氐	氐	氐	氐	
房	房	房	房	房	方	
□	心	心	心	心	心	2. 表中"石氏"、
尾	尾	尾	尾	尾	尾	"甘氏"指《汉书·天文志》所引石申、甘德；
箕	□	箕	箕	箕	箕	"有始"指《吕氏春秋·
斗	建星	斗	斗	建星	斗	有始篇》；"天文训"指
	□					
牵牛	牵牛	牵牛	牵牛	牵牛	牵牛	
婺女	婺女	婺女	须女	须女	伏女	
虚	虚	虚	虚	虚	虚	
危	危	危	危	危	广	

石氏	甘氏	有始	天文训	律书	擂墓	附　注
营室	营室	营室	营室	营室	西縈	《淮南子·天文训》；
东壁	东壁	东壁	东壁	东壁	东縈	"律书"指《史记·律
奎	奎	奎	奎	奎	圭	书》；擂墓，即擂鼓墩
娄	娄	娄	娄	娄	娄女	一号墓，亦即曾侯乙
胃	胃	胃	胃	胃	胃	墓。
昴	昴	昴	昴	留	矛	
毕	毕	毕	毕	浊	䟆	3. 石氏、甘氏的
觜	罚	觜嶲	觜嶲	罚	此崔	各宿名次序，为便于
参	参	参	参	参	参	对比，略有更动。
东井	□	东井	东井	狼	东井	
舆鬼	弧	舆鬼	舆鬼	弧	舆鬼	
柳	注	柳	柳	注	西	
七星	七星	七星	七星	七星	七星	
张	张	张	张	张	素	
翼	翼	翼	翼	翼	翼	
轸	轸	轸	轸	轸	车	

其四，关于"四象"。我国古代把二十八宿分作四组，每组七宿，并将各组的七宿想像地连接起来成为一种形象，分别为龙、鸟、虎和龟蛇，后又将它们与东南西北四方和青、朱、白、黑四种颜色联系起来构成东宫青龙：角、亢、氐、房、心、尾、箕；北宫玄武：斗、牛、女、虚、危、室、壁；西宫白虎：奎、娄、胃、昴、毕、觜、参；南宫朱雀：井、鬼、柳、星、张、翼、轸。四象，又称四宫、四陆、四维……这种二十八宿与四方相配，是以古代春分前后初昏时的天象为依据的。因为这时正是朱雀七宿在南方，青龙七宿在东方，玄武七宿在北方，白虎七宿在西方[7]。E·66 衣箱盖顶两侧，右侧绘青龙图像，左侧绘白虎图像，其方位正好分别与二十八宿中的东方七宿及西方七宿相对应。因此，学术界不少人认为这是最早的四象与二十八宿相配的形象记录。但箱盖顶上下两侧未见图像，有学者认为"缺少朱鸟与玄武"[8]。黄建中教授则表示

了不同意见。他在《擂鼓墩一号墓天文图像考论》中说："应将箱盖和箱身的图像联系起来看，箱盖绘有龙和虎的图像，箱身一面绘有鸟的图像，且这三个图像正好构成三方，这就是东宫龙、南宫鸟、西宫虎。鸟旁七个圆点即代表南宫七宿的中心宿——星宿（即'七星'），这正好与鸟纹代表南宫鸟相互印证。与鸟相对的一面全为黑色，无图像，表示能见龙、虎、雀三像时，北宫玄武看不见，在地平线下。"美国加州大学物理学教授程贞一、香港中文大学教授饶宗颐、中科院自然科学史所研究员席泽宗等认为"这种解释很有意思，但有待进一步研究"[9]。笔者细察箱身四个侧面的纹饰，箱盖两端苍龙、白虎图像外侧先各绘一粗红道，紧挨着这红道下方绘日、月纹饰。因此，将这一红道视为地平线的标志是合理的，表明此时太阳、月亮在地平线附近。箱盖上下两侧无此红道，其下侧整体绘有鸟纹、七星和云气及其它，将它解释为这表明其所绘南宫七宿正当南中天也是合理的。将与之相对应的一侧素黑无纹解释为全看不见也是可以理解的。因此，笔者对黄建中等之说表示支持。

综上各点，人们可以获得如下一些认识：

（1）二十八宿起源的时代和地点。长期以来，二十八宿起源的时代和地点问题在世界范围内争论激烈。这一争论首先在公元19世纪下半叶的欧洲展开。到了公元20世纪初期，日本也有人参加争论。其中一派认为：二十八宿起源于中国；另一派认为：不仅二十八宿，甚至包括中国全部古天文学都是从巴比伦而来。争论纷纭的原因，是因为在中国、印度、波斯、阿拉伯等国的古代天文学中，都将黄、赤道附近的星座分为二十八宿，用以组成一个系统。那么，二十八宿到底是由哪个国家、哪个民族、什么时候首先提出的呢？我国著名科学家竺可桢先生从公元 20 世纪 40 年代起，着手这一问题的研究。1951年，他曾推断中国有完整的二十八宿体系"大概在周朝初年"，1956 年又推迟了它的创始时代，以为不会早于公元前 4 世纪。1976 年，我国著名考古学家夏鼐先生发表了《从宣化辽墓的星图论二十八宿和黄道十二宫》的论文，进一步补充和丰富了竺可桢的这一论点。他说："由可靠的文献上所载的天文现象来推算，我国二十八宿成为体系，可以上推到公元前 7 世纪左右，真正的起源可能稍早，但现下没有可靠的证据……现下只能上溯到战国中期（公元前 5 世纪）而已。"[10]

　　E·66 衣箱二十八宿天文图的发现，以无可辩驳的事实证明，它是迄今所见世界上最早的二十八宿天文图。由于它是作为装饰纹样描绘在一件盛衣物的箱子上，说明这种天文知识在当时已相当普及。从这一点看，二十八宿的创始年代应比曾侯乙下葬年代要早。由此可以证明，竺可桢、夏鼐将二十八宿的起源时间断在公元前 7 世纪，即春秋时代是可信的，甚至还可能更早。

　　这幅二十八宿天文图是环绕"斗"字来描绘的，周围又绘有龙、虎、鸟纹，说明了二十八宿与北斗的密切联系，并且与"四象相配"。这些都有着鲜明的中国特点。另外，它们是呈赤道环分布，表明中国的四个象限宿应属于赤道系统，而巴比伦天象观测不是绝对采用赤道观测系统，直到公元前 3世纪，塞琉古（Seleucid）时期出土的巴比伦泥砖上还有黄道系统出现。

　　在古天文学中，从每宿中要选定一颗星作为精细测量天体坐标的标准，称这个宿的距星。印度的二十八宿选择亮星作为主星或联络星，但它不起距星的作用，而中国二十八宿并不以亮星作为标准，大多数距星是暗星，只有一颗一等星。由于二十八宿与北斗星的紧密联系，所以二十八宿的发源地应当以北斗星作为观测时的标准星。这正是中国古天文学的一大特点。早在战国时代就已成书的《夏小正》中，就有根据北斗的斗柄指向定季节的详细记载。此箱北斗、二十八宿、四象紧密联系的布局也反映了中国二十八宿的这一特点。北斗星在我国古天文学中居于重要地位。曾侯乙墓发掘十年后，河南濮阳西水坡一处仰韶文化遗址中又出土了用蚌壳摆塑的东方苍龙、西方白虎与北斗的图像[11]。它与E·66衣箱的图像有惊人的相似，其年代却要早两千多年，又一次证实了北斗与四象的紧密联系。再分析中国古文字学与二十八宿形象的关系，也可以找到二十八宿源于中国的根据。古文字中的"井"、"壁"、"斗"等字与二十八宿中的"井宿"、"壁宿"、"斗宿"等形状十分相像。中国的文字历史，从殷墟卜辞算起，距今已有三千多年。如果再考虑到在整个古文字体系形成之前漫长的发展与完善的过程，早在三四千年前二十八宿中某些宿以古文字的形式反映出来，就绝非偶然。这无疑是二十八宿源于中国之说的极为有力的旁证。

（2）"二十八宿"与"四象"的创立。以前曾有人认为，依据事物由浅入深、由粗到精的发展规律来推理演绎，"二十八宿"应在"四象"之前。但是，有人经过各方面的分析，认为有理由证明，"四象"同"二十八宿"中某些宿名是在相互独立的基础上发展起来的。我国古代曾一度流行将全天分成五宫之说，即中宫为北斗七星，象征日、月、五星，以四象配四方，每方七宿。由于当时宿名尚不足二十八个，因此古人以四象身体的各个部分设想。例如，东方苍龙，从角宿到箕宿看成一条龙，角宿像龙角，氐、房二宿像龙身，尾宿像龙尾。其它三象也是如此。后来经过个别的调整和补充，出现了四象二十八宿体系，可以说是四象促进了二十八宿的形成。持此说者认为，E·66 衣箱上的二十八宿图箱盖，在"斗"字的四角配以二十八宿的名称，左右各有白虎和青龙图像，却未见朱雀、玄武，证明了这一点。1988 年河南濮阳西水坡 45 号墓蚌壳摆塑的北斗之下只有青龙和白虎，时代却远在公元前 5000 年左右，说明当时人们对白虎和苍龙"两象"已有所认识，这更是"四象"早于"二十八宿"的一个佐证[12]。

3. 漆书民谚——观象授时之歌

E·61 的箱盖上刻文"紫锦之衣"，在云气纹中绘我国古代神话故事中的若木扶桑、日（金乌）、月（玉兔）、伏羲、女娲（双头相互缠绕的蛇）、弋射（有人称后羿射日）图像（图五一）。此盖左端

图五一　彩绘髹漆"紫锦之衣"款木箱

一角有漆书二十字。饶宗颐先生将其释为："民祀惟坊(房)，日辰于维。兴岁之四(驷)，所尚若敕(陈)。径(经)天嘗(常)和。"其大意是说，百姓之所以祭祀房星(天驷)，因为房星是农祥之星，星与日辰的位皆在同一方位北维。众宿和岁星没有抵触，各得其所，故"经天常和"。

饶先生认为此二十字是一篇简短的乐论。他说："古人讨论乐理，必援引天文以为说。伶州鸠云：'凡人神以数合之，以声昭之，数合声和，然后可同。'所以求天人的同一，从这一段文字可明白它的道理。漆器一方面写二十八宿名目，一方面说'经天常和'，意思是说天上星宿各得其所，乐律上的正变亦得到和谐，如是则'人神以合，数律以和'。"[13]这二十字与历史上有名的舜、禹时帝与臣工唱和的《卿云》、《帝载》之歌有异曲同工之妙。

据清人杜文澜辑《古谣谚》中的《帝载歌》云："日月有常，星辰有行，四时顺经，百姓允诚。于予论乐，配天之灵。迁于圣贤，莫不咸听……"[14]

沈约所著《宋书·符瑞志》"帝舜"条有载："及即帝位……击石拊石，百兽率舞，景星出房……在位十有四年，奏钟石笙筦未罢，而天大雷雨，疾风发屋拔木，枹鼓播地，钟磬乱行，舞人顿伏，乐正狂走。舜乃拥璿持衡而笑曰：'明哉！夫天下非一人之天下也，亦乃见于钟石笙筦乎。'乃荐禹于天，使行天子事。于是和气普应，庆云兴焉……百工相和而歌《庆云》。帝乃倡之曰：'庆云烂兮，纠缦缦兮。日月光华，旦复旦兮。'群臣咸进，稽首曰：'明明上天，烂然星陈。日月光华，弘予一人。'帝乃再歌曰：'日月有常，星辰有行……'于是八风修通，庆云丛聚。"[15]这是对历史上有名的"舜禹禅让"一事的描写。这里有"景星出房"之句，也提到了房星，与漆衣箱铭的"民祀惟房"互相印证，可见古来对于音乐的看法，是要"配天之灵"，自然"星辰有行，四时顺经"。如果相反，地不能"和气普应"，则"钟磬乱行"，"乐正狂走"。这恰好说明古人认为音乐和政治及天道是互相关联的。E·61 箱漆书铭文和相传的《帝载歌》，在意识及措辞上如此相近，使人们可以了解古人对于音乐中"天人合一"的观念。这些都是从乐论的角度来说的。如果人们换一个角度，从天文学史的角度来考察，从庆云之歌、帝载之歌到漆书二十字谣谚，其中莫不与日月星辰有关，有些就是古人观象授时、行籍礼、兴农事、祝丰穰的记录。

有的学者还进一步考证了 E·61 箱盖上的漆文星象，认为应当是农历岁首标志的"农祥晨正"。王晖在他的《从曾侯乙墓箱盖漆文的星象释作为农历岁首标志的"农祥晨正"》一文中，认为 E·61 衣箱漆书二十字"说明了那时农人观测房宿的时间、方位及星象形状"[16]，并指出这是处于兴岁（岁首）之时的天象，所以成为老百姓崇拜的对象。这一天文现象，应该就是《国语·周语上》虢文公谏周宣王时所说的"农祥晨正"[17]。因为房宿四星只有在过了南中天而偏西方的位置时，才成为正南北方向，并横排为"一"字形阵列。曾侯乙墓 E·61 衣箱漆文所谓"所尚若陈"，就是这种正南北向的星象形状。《国语·周语》还记载："太史顺时覗土，阳瘅愤盈，土气震发，农祥晨正，日月底于天庙，土乃脉发。"韦昭注云："晨正，谓立春之日。"仅从星象所在时节来看，也是正确的。据此，漆文中"兴岁之四（驷）"的"岁"不可理解为"岁星"，当为"岁首"。房宿四星在立春时排成南北向的阵列，正是岁首的标志，又是预报农事起始的征候。为了适时播种，农民便把房星辰正作为春耕起始的"辰"——即天上的标准点。当农民在早晨起床后，抬头望见房宿四星形成正南北向的阵列，便说明春耕时节来到了。由此，古代农民高兴地把房宿称作"农祥"、"田侯"、"天时"，并尊而祀之。大概这就是"民祀惟房"的由来了。

另外，此衣箱盖上还描绘了一片春意盎然的景象。在满天云气上下交动的氛围里，扶桑树枝叶茂盛，鸟立枝头，旸谷间冰雪已化，弋射者挽弓来临。箱身四侧：一侧无纹；一侧绘满卷云纹和云气纹；一端无纹；另一端以红道为界，一边无饰，另一边绘相向侧身而立的双鸟。它们示意着人间正在由寒冬走向春天。据《礼记·月令》所载："孟春之月，天气下降，地气上腾，天地和同，草木萌动。"衣箱上的图像与漆书铭文是紧密相联的。它是漆书二十字与"农祥晨正"的形象注释。

综上可见，E·61漆箱上的图像与漆书二十字是我国古代天文历法的形象与文字相配的最早记录，也反映出我国古代天文学的杰出成就。

（二）冶金铸造

当人类历史进入青铜时代后，铜矿的开采、铜的冶炼与青铜器的铸造水平，是其社会生产与科学技术发展程度的重要标志。曾侯乙墓出土的青铜器，不仅数量多，份量重，而且铸造极精，是公元前5世纪我国社会与科学技术发展水平的一个缩影。

1. 发达的冶金业

此墓出土的青铜器，数量之多、品种之全、份量之重，在我国考古史上少见。

首先就数量来说，编钟六十五件，钟架构件和挂钟构件二百四十六件，青铜磬架及挂磬构件一百零二件，建鼓座一件，礼器、用器一百三十四件，兵器四千七百三十二件（以单件计，如三戈戟戈头计为三件），车马器九百五十八件，墓主外棺框架一副，共计六千二百三十九件，总重量10498.6公斤。一个小诸侯国国君的墓葬出土青铜器如此之多，应是这个国家冶金生产相当发达的反映。

联系到距曾侯乙墓不远的矿冶考古情况，更能使人一目了然。在大冶铜绿山，当时就有大规模铜矿的开采和先进的竖炉炼铜。有学者将曾侯乙墓出土的铜器与铜绿山古铜矿井内铜矿石的微量元素的含量作了对比分析，两者十分接近[18]：

曾侯乙墓编钟与铜绿山古铜矿出土孔雀石上自然铜光谱分析表

元素\样品	Cu	Fe	Zn	Na	Al	Mg	Ba	Pb
曾侯乙甬钟	>10	<0.1	<0.01	<0.1	0.1~1	0.1	<0.01	0.5
铜绿山古矿井出土的孔雀石上的自然铜	>10	0.8	≤0.01	≤0.1	0.1~1	0.1~1	0.015	0.01

这证明曾侯乙墓铜器的原料极有可能来自大冶铜绿山。铜绿山的矿冶考古发掘与研究表明：这里的铜矿开采始自西周，还有可能早到殷末，春秋、战国之际是其开采冶炼最发达的时期。已发掘的春秋炼铜竖炉，经多学科研究与模拟考古实验证

明，竖炉结构设计合理，冶炼性能良好，当时采用的是氧化矿的还原熔炼法。这种竖炉具有炉龄较长、操作简便等特点，可以连续加料，连续排渣，间断放铜，持续进行冶铜生产[19]。从炉内出土铜锭的检测分析，其含铜量已达 93.32%，现代冶炼粗铜的标准是含铜量为 92%~95%，极其接近。从炉旁遗留炼渣的检测分析，其平均含铜量为 0.7%左右，有的仅为 0.2%~0.67%，现代鼓风炉氧化矿的还原熔炼，所得炼渣中的含铜量一般为 0.1~0.7%。由此可见，春秋、战国时期这里的配矿技术与冶炼水平是比较高的，处于当时世界的前列。从整个遗址 14 万平方米范围内约有 50~60 万吨古代炼渣来分析，这一时期炼出的铜不少于 8~12 万吨[20]。虽然这处遗址不在曾国统治范围之内，但其参考价值还是十分重要的。除大冶铜绿山之外，湖北境内还发现了多处矿冶遗址。曾侯乙墓所在的随县邻近钟祥。在钟祥县城东边的谢家湾和城北的洋梓镇就先后发现采矿冶炼遗址[21]。遗址文化层中有典型的东周遗物及炼铜炉，只是由于尚未进行大规模发掘，详情不明。这些足以佐证为什么一个小诸侯国的君主之墓能埋入如此多的青铜器。这就是当年生产发展，经济繁荣，矿冶科技高度发达的必然反映。

2. 精湛的青铜铸造工艺

曾侯乙墓青铜制品的显著特点是型大、体重、工艺精湛，反映在铸造技术上，尤其是群体重器铸造，确有高超的技艺水平。不论是重达 3000 多公斤的墓主外棺铜框架，还是体重超过 300 公斤的大铜缶；不论是下层钟虡铜人，还是那十件下层大甬钟及鼓座、鉴缶、联禁对壶等，铸造的难度都是很大的。经过现代科学仪器的检测，这些铸件很少有什么缺陷，冶铸技艺水平之高，世所罕见。如果没有一批技艺娴熟、心灵手巧的工匠，难以成器。这些工匠不仅继承了我国古代传统的青铜铸造工艺，而且在许多方面有革新、创造和发明，达到了前所未有的高度。其继承、革新和创造主要表现在以下诸方面：

（1）组合陶范浑铸技术的创新

用陶范（泥型）铸造青铜器，历史悠久。从单面型、两合型，后来发展到数块、数十块拼成的多合型。编钟不仅是重要的礼器，还是乐器。铸造时在求其外形精美的同时，还要求声音纯正、音色悦耳、音律准确，各项指标均需达到设计要求。其铸造的难度可想而知。除了甬或钮可以焊接，整个钟体还包括钟腔内的音脊、体外的纹饰，尤其是凸出的枚都必须一次铸成，否则就有损其音响效果。曾侯乙编钟六十四件，件件都采用了组合陶范铸造技术。以中层第三组的甬钟为例，一件钟的每一个枚就得用两块范。一件钟有三十六个枚，就得用七十二块范。除甬为铸接外，全钟一次铸成，共需一百三十六块陶范（含钟体泥芯）。为使铸出来的钟达到美观，纹饰清晰，钟壁厚薄符合设计要求，将这么多范拼合在一起，浇铸时每一块范都不错位，确实是一件很不容易的事。值得注意的是，陶范的制作，每块陶范都需要经过设计、选料、混碾、筑制、雕刻、焙烧、烘干等工序。陶范的好坏，直接与整体的精美、各部位的纹饰效果密切相联。尤其是钟体鼓部和篆带间的纹饰，就连龙的角、鳍、爪的弯转翅起等都要考虑周全。这样铸件加工出来才能达到设计要求，保证纹饰的立体感，使音色纯正、优美。曾侯乙编钟的小钟音质清脆，大钟声音洪亮，令人叫绝。因此，铸造界的专家们夸赞其铸造技术，在继承优秀传统的基础上，的确达到了新的高度。

（2）传统分铸技术的新突破

传统的分铸法也有着悠久的历史，在商、周青铜器中不乏实例。如鼎的铸造，往往是先铸足或耳，然后在铸鼎身时再铸接在一起。但是，以往的分铸件大多型体小、重量轻，而曾侯乙墓的许多大件青铜礼器，如大尊缶、联禁对壶，就是采用分铸法铸成的。

两件大尊缶各高 125、126 厘米，腹径 100、102 厘米，各重 292、327.5 公斤，为同时期青铜器之最（图五二）。全器的铸造就是采用传统的分段铸造而成。它们能铸造成功在技术上确有不少新的突破。铸制时，先用四块外范和一块内模，将器口朝下，浇口开在上方，铸成上半段；然后再接铸下半身及器

图五二　青铜大尊缶

底，器口仍朝下，在已铸成的上半段之上，加下半部的内模与外范，然后浇注，使两段铸接在一起，成为完整的一器。正因为是采用这种铸造方法，所以人们能从器的内壁清楚地看出浇注下半部时溢漫出来的铜液，包住了与上半部衔接的部位。因此，有人称此为"包铸法"。为使铸接部位衔接牢固，器的内外壁在衔接处明显加厚，器身外壁形成一周很粗的凸弦纹。联禁对壶的壶身也是采用这种方法，分三段铸接而成的。

采用这种分铸法，或称分节铸造法，其中困难很多。不仅因为型大、体重、铸型作模很难，还因为浇铸时温度的掌握以及先铸造的部分和后铸造部分如何铸接得牢固等问题的存在。所以，一般要采用铸型预热的办法来保证铸接成功。预热温度一般达 200～300℃。如大尊缶，在铸接上半段时，必须把先铸好的部分和后铸部分的范、芯预热好，浇注时才能使铜液流动顺畅，避免铜液的骤然遇冷而发生呛火、冒气、接铸不牢。然而，这种大器件的预热比小器件要困难得多。当时很可能采用前一段浇好后，不容冷却，即马上在上面组装已预热好的后一段的范、芯，及时浇注。如果这样做，其设计及工艺流程必须十分严密，各个工序的配合不能有丝毫差错。经铸造专家对两件大尊缶的实地检测结果看，没有发现铸造缺陷。铸件的接合部位，不仅十分牢固，而且还很严密。出土时器内盛满水却没有渗漏现象，可谓铸接得天衣无缝。曾侯乙墓青铜器所采用的分铸法在继承传统的基础上确有新的重大突破。

（3）焊接技术的新成就

不论是强度较高、操作较难的铜焊，还是强度较低、操作简便的镴焊，都有新突破。铜焊附件在春秋中期的铜器上已经见到，然而此墓见到的铜焊远比春秋时期使用的技术更成熟。

如鉴缶、联禁大壶的龙耳都是用的铜焊。镴焊即低熔点的铅锡合金焊接。因为熔点低，操作简便，因而广泛用于受力较小，不需很高联结强度的部位。如升鼎的兽蹄形腿、龙形耳及一些铜器上的装饰附件就是用的镴焊。焊料主要有两种，一种基本为铅锡合金（如铜尊圈足内的焊料），含锡 53.41％、铅 41.4％、铜 0.38％、铁小于 0.01％；另一种基本为纯锡（如鉴缶的龙头焊料），主要用在焊接起装饰作用的附件上，含锡 90.92％，铅 0.48％、铜 0.03％、铁小于 1％。这种合金焊料，在考古中尚属首次发现。

此外，还大量使用了榫卯和组装连接技术。这在前期铜器

图五三　青铜铸镶红铜纹饰炭炉

中也是少见的，此墓则较多。如簋、联禁壶和鉴缶上的龙形附饰。其中龙的两只前腿和两只后腿，夹拢来成上下两个卯眼，在器身的相应部位侈出两个榫头，刚好与卯眼扣合。在扣合处有的稍稍加焊就较牢固。有的扣合得好，即使不加焊或焊料脱落亦不会掉下来。

还有一种是先组装再加焊。例如，建鼓座盘附的十六条龙，接块（片）分割成二十二节，然后组装，再加焊接，并和座体上的十四个接头焊接成一体。像这样复杂的焊接，在过去的器物中是较为罕见的。

（4）红铜纹饰铸镶法的新生和广泛使用

曾侯乙墓青铜器纹饰中有大量的红铜纹饰，如青铜炭炉（图五三）及盥缶腹部红铜纹饰、大型甬钟甬部红铜纹饰。其特点是纹路多粗犷，与器体接合牢固，表面光洁成一体，无纹槽痕迹，纹样本身亦非锻打而成，显然不是镶嵌所致。经取样检测，其紫红色花纹含铜量约98%，含锡1%～2%。金相考查表明，样品属铸态组织，应是浇注而成的。

青铜器镶嵌红铜纹饰早在商代便已出现。其工艺多为在浇铸本体时一起铸出阴纹槽，然后用红铜嵌入阴纹槽中而成。到了西周时代，无论是用传世品或出土物来分析，这类用镶嵌红铜制作的青铜器便不再出现。从春秋中期起，嵌镶红铜的工艺又逐渐复兴，嵌镶技术也有很大提高，并曾盛极一时。此项工艺在史籍中不见记载。一般认为这类纹饰是用红铜锤成薄片或长条，然后压入预铸的纹槽中错磨而成。但这种论断从未经过科学的鉴别与论证，一直是学术上的一个悬案。

曾侯乙墓出土了大量有红铜纹饰的青铜器，经过冶金铸造专家的科学论证和模拟试验，证明其既非锻打制成，又绝非嵌错而成。其工艺流程是先用红铜将花纹铸就，然后镶嵌在铸范上，浇铸器体时就铸在一起了。用于铸造纹饰原件的铸范在山西侯马春秋、战国冶铜作坊遗址中曾发现过。

用这种方法铸造红铜纹饰，其难度在于铸造时如何控制铸型、镶嵌纹饰及铜液的温度。因为当器物表面布满红铜纹饰时，型腔中嵌入的纹饰铜片等于就是大量的"冷铜"，从而给铸造成形带来很大困难。在铸制过程中，铸型预热温度一般达200～300℃。红铜熔点高，铸造性能差。对嵌镶红铜花纹的青铜器来说，铸型预热温度和铜水过热温度、浇注温度都要求更高。曾侯乙墓青铜器的红铜花纹是当时铸铜技术进一步成熟的重要标志。根据其工艺特点，我国铸造界将这种方法称为"铸镶法"[22]。在曾侯乙墓青铜器中，这种创新的方法已得到了广泛的使用。

（5）失蜡法的完善与运用

失蜡法是铸造金属器物的一种方法，实际上是熔模铸造（又称熔模精密铸造）中的一种。失蜡法的铸造方法，简言之，就是先用蜡料将设计好的铸品作成蜡模。由于蜡的可塑性好，可以在蜡模上作出繁复的纹样或使器物具有复杂的形式。在蜡模表面涂上砂、石、耐火泥等粉末，形成比较坚固的外壳，然后加热熔去蜡模，形成铸件的外模范，再浇注铜液，待冷却后除去模壳，铸件即成。它的出现是冶铸史上的一项重大发明。关于失蜡法在我国的起源和发展，历来众说纷纭。有些国外学者认为中国的失蜡法是从西方或印度传入的。1978 年，河南淅川下寺春秋晚期楚墓和湖北随县曾侯乙墓的发掘，为我国青铜制造工艺中失蜡法的使用提供了珍贵的实物资料。淅川下寺二号墓出土的铜禁和曾侯乙墓的尊盘，经铸造界专家检测和鉴定，其上的附饰均为失蜡法制造。它们是我国目前发现的最早采用失蜡法铸造的青铜铸件。这就把我国使用失蜡法的时间提早到了春秋中期前后。曾侯乙墓青铜尊盘在使用失蜡法上堪称鬼斧神工，达到了极为完美的地步。此件文物已被确认为国家一级文物，在国内外享有盛誉。

曾侯乙墓青铜尊盘，经中国机械工程学会所属铸造学会的传统精铸工艺鉴定会鉴定后认为："随县曾侯乙墓出土的青铜尊、青铜盘，造型端庄优美，纹饰精巧、复杂，尤以口沿附饰的蟠虺云彩状透空花纹，盘旋重叠，于复杂中见条理，有极高的技艺水平，是现已出土的青铜器中最复杂、精美的珍品。

尊盘本体铸造使用了当时的泥型技艺，而对泥型不能制造的透空附饰采用了熔模铸造。

盘旋重叠的蟠虺纹，其内用多条铜梗联接，模面光滑，截面略呈圆形，联结处接口适中，接面圆滑。铜梗形状弯曲，既起到各层虺纹支撑联结作用，亦为虺纹艺术形象增色，更重要的是它构成了熔模铸造的浇注系统。虺纹从局部个体而论，虽亦可用泥型成形，但尊、盘的整个附饰表面呈凹凸状。其交界边缘且有个别铜梗盘旋，泥型无法形成。而附饰四角接缝近似于蜡模熔接痕迹，没有泥型分型面特征。内部梗枝既为熔模，则与之联结的虺纹若非同样工艺，不能形成如此光滑匀称的接面。

据此，我们认为青铜尊、盘之附饰透空花纹系由熔模铸造法形成。

鉴于附饰花纹的繁杂纤细精巧，说明这并不是最早期的熔模铸件。"[23]

除青铜尊盘的透空附饰经过以上鉴定已被确认为失蜡铸件

外，在曾侯乙墓的其它铜器中，如群龙纠结环绕、器内二十余节铜梗支撑联结的建鼓座，编钟架中层横梁两端透空花瓣与凤鸟群栖的铜套等，也有不少学者认为其铸制之精，亦当为失蜡法熔模铸造而成。笔者也认为其特点及成器方法与青铜尊盘附饰花纹的联结方法十分类似。对照淅川下寺春秋楚墓中失蜡铸件[24]的特点，如一号墓所出铜盏的耳、足和盖钮，二号墓所出铜禁器和兽形附饰，55号铜鼎镂孔兽头附饰等，曾侯乙墓的这些附饰铸件为失蜡法铸成应是可信的。这就表明，到了曾侯乙的时代，失蜡法熔模铸造技术在我国已经发展到了相当完善的地步，并被广泛运用于青铜礼器的铸造。

（6）多种铸造与焊接技艺的综合运用

在此墓的青铜器中，还有一些重器，集多种制作工艺于一身，可以说是综合运用了多种铸造、联结、组装的新工艺，使全器和谐而完美。联禁对壶与鉴缶是其中的典型代表。

联禁对壶是在一个长方形铜禁上置一对大铜壶组装而成。铜禁采用合铸加焊接的技法。禁面由两块范合铸，四个兽形足分铸后焊接在禁面下。禁面上铸有两个并列凹下的圆圈，中空，正好承放两壶的圆足。两个壶的壶身则分别采用分范铸接的办法分三次铸接成一体。壶颈部各有两个对称的龙形耳，是单独铸成后焊接于颈部的。龙耳整体呈拱形。龙头上装饰圆雕的两小龙，龙尾上附饰一小龙，均为分铸焊接而成。壶为敞口厚方唇，口沿稍内敛置一盖。盖顶有一衔环蛇形钮。盖沿外套装一件饰T形勾连纹的镂孔盖罩。将壶盖、盖罩装好，两壶置于禁上构成整体。全器实则由一禁、二壶身、二壶盖、二盖罩组装而成。在一件器物上聚集了多种工艺，并达到了完美和谐的程度，实属难得。此件文物已被确认为国宝。

　　曾侯乙墓出土的一对鉴缶，也是分别采用浑铸、分铸、焊接、榫铆套接等多种方法组装成器的。它主要由鉴体、镂空鉴盖、方尊缶、缶盖四部分套合而成。方鉴本为水器或浴器，也可作酒器。方尊缶则为盛酒的器具。将两者结合在一起，是为了用作冰酒或温酒。方鉴器身横断面呈正方形。鉴身直口、方唇、短颈、深腹，腹内空，用以承缶。底平、四沿有方形圈座，四角各有一兽形足。兽足的头部作龙首状。其口和前肢衔、托器底圈座，后足蹬地。鉴上有镂空方盖，盖面中空，以容纳方尊缶的颈部。盖的四边各有一兽首衔环钮。盖沿四边则各有两个兽面形衔环扣，以使器身与盖接合牢固。器口每边正中和四角上各加一块方形或曲尺形浮雕龙纹附饰。鉴身的四面和四角共有八个拱曲攀伏的龙形耳钮。龙头与口沿上各个相应附饰的子榫呈等腰距离而做为附饰的支柱。龙形耳钮的尾部都有小龙缠绕，又有两朵五瓣小花立于尾上。鉴底结构分为两层：外层呈圆饼形下凹，中有十字形凸梗，用以增加底托力量；内层为一圆盘，恰好嵌入外层的下凹部位，器内底又伸出三个小凸榫将圆盘卡住，并加焊固定。圆盘上有呈"品"字形分布的三个弯钩，其中前一弯钩带有一个可以活动的倒钩，以便扣紧上置方尊缶的圈足。方尊缶器身横断面呈正方形。方唇、鼓腹、平底、圈足。盖呈方形隆起，四角各附一竖环钮。盖沿内折，与器口用子母榫扣接。缶身腹部的四边，各有一个竖环耳。下有圈足，其一侧有两个长方形榫眼，相对的另一侧有一长方形榫眼。它们是与鉴底三个弯钩相对应而铸制的(图五四)。

　　从铸制方法看，鉴缶的鉴身、鉴盖、鉴底内圆盘、缶身、缶盖，均用浑铸法整体浇铸而成。其上的附饰、足、耳等则是采用分铸法铸成后，用不同方式铸合在一起的。口沿上的几个方形、曲尺

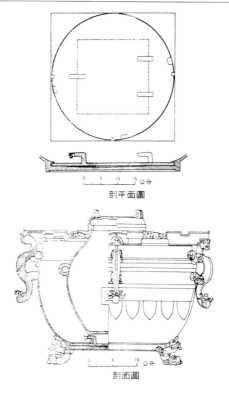

剖平面圖

剖面圖

图五四　青铜鉴缶结构示意图

形附饰,是用分铸法成形后,先用榫卯接合,然后加焊。身上的
龙形耳也是单独铸成。龙口用榫卯接合于口沿附饰下的子榫上
再加焊,使之牢固。龙足焊于兽身上。龙尾上的小花可能是先
用失蜡法铸成后再焊到龙尾上。最后组装成器:先将方缶置于
鉴底的圆盘上,缶上圈足内的三个孔正好与鉴底圆盘上的三个
弯钩相对应,把前一个弯钩上的活动倒钩推平,待三个弯钩全部
套入缶底的三个孔后,前一弯钩的倒钩便自动倒下,将鉴底牢牢
栓在弯钩上。然后将鉴盖套合盖在缶上,其中空心部分正好套

住缶的颈,盖四边的八个衔扣扣住鉴的边沿使之牢固。再盖上缶盖,整体成形。鉴缶底部的自动倒扣装置在此墓其它铜器中也屡有运用。如编钟挂钩中层的方框挂钩,当方框套上横梁后,在其上的两个圆形铜环内插入两铜键。铜键一端为铜帽,键插入后至帽钉,而另一端在键下有一活动的舌(即倒钩)。先将其推平始能插入,待穿过圆环后立即自动倒下,将方框卡牢。三十一幅框架,就用了六十二个这样的半自动装置。

3. 黄金的冶炼与铸造

曾侯乙墓出土了一批黄金制品。其数量之多、品种之众、份量之重,在湖北考古史上是空前的,在中国先秦考古发现中也不多见。

金器皿,四种五件,即一盏(带盖)、一勺、一杯(带盖)、二镇(始称器盖)。金盏形体最大,份量最重,铸造最精(图五五)。盏

图五五　金盏及镂空金勺

带盖，环耳，平底，三足外撇作倒置的凤首状。盖上有环钮。盖的口沿装有三个边卡，与器身正好扣合。盖面围绕环钮逐圈饰蟠螭纹、绳索纹和云雷纹。盏口沿下饰一圈蟠螭纹。此盏通高11厘米，口径15.1厘米，足高1.7厘米，重2156克（盏身重1409克，盖重747克）。盏内置镂孔金漏勺一件，通长13厘米，柄长9.5厘米，勺宽3.5厘米、厚0.1～0.3厘米，重56.45克。

金服饰，两种五件。一为金带钩四件，形制相同。金带钩鸭腹形钩体，鸭首形钩首，钮在尾部，通体素面闪光，毫无锈蚀，大小、尺寸、份量均相近。每件带钩长4.4厘米，宽1.4～1.6厘米，重40.93～46.62克。一为金镂玉璜一件，系用三道金丝通过两两相对的小孔环绕二至四周，将两块雕刻花纹的玉片穿缀成一半壁形璜。金丝直径为0.2～0.5毫米，三道总计长度约20.4厘米。

金弹簧，四百六十二段，分两组用丝线穿缀，分别绕于两个木团上，用途不明。每段簧盘绕18～25圈，长1.5～2.1厘米，丝径0.5毫米，圈径4毫米左右。每段簧的重量在1.3～1.5克之间。四百六十二段总重490.6克。

该墓一批器物上贴有金箔，主要是铅锡器（如铅锡饼、铅锡马饰等），少数铜器和丝麻织品及皮甲胄上也贴有金箔。由于墓坑长期积水，绝大多数金箔从所贴的器物上脱落下来，少数仍附着其上。已脱落下来尚能知其原来形状者有圆形、半圆形、方形、长方形、三角形、多边形、S形等多种，共九百四十片，总重517.06克。脱落后形体已残者，重117.3克。尚附着于原器上的有一百二十六件，估计金箔重134.88克。三项合计，用金约769.24克。

此外，还有青铜器物上的错金。它们可分两类，一为铜器铭文的错金，一为铜器花纹的错金。六十五件编钟有五十六件铭文皆错金，共计二千六百二十一字。有三件兵器（两件戟头，一件戈头）上的铭文也有错金，共计十六字。据武汉市金银制品厂刘仁键工程师提供的公式，对这些错金文字的用金量作了估算，总计用金约 3512.17 克[25]。铜器上有错金花纹的两件，一为鹿角立鹤的鹤颈和鹿角，一为编磬架。它们皆有错金，线条十分纤细，用金量难以估算。

对这些黄金制品的化学成分作了检测。其情况见下表：

黄金制品成分检测表

序号	器名	出土位置或编号	化学成分（%）			附　注
			金(Au)	银(Ag)	铜(Cu)	
1	金器盖（镇）	中室 13 号	85.66	14.34		1～9 号由武汉大学分析测试中心检测。10 号由武汉工学院铸造教研室检测。
2	金器盖（镇）	中室 93 号	88.09	11.91		
3	金勺	主棺内棺	87.45	12.55		
4	金带钩	主棺内棺 122 号	93.60	6.4		
5	金带钩	主棺内棺 123 号	90.70	9.3		
6	金带钩	主棺内棺 118 号	90.80	9.2		
7	金带钩	主棺内棺 93 号	90.9	9.1		
8	金箔	北室	≈92	8	极微量	压印几何花纹者
9	金箔	北室	≈86.2	13.3	极微量	素面无纹者
10	金弹簧	东室	87.4	11.3	0.079	

综上可以看出，此墓黄金制品不仅有大量装饰品，而且有实用器皿；不仅有小件器，而且有先秦金器中的"重器"（如重达 2 公斤有余的金盏）；不仅有金服饰，而且有大量金箔用

于车马饰和甲胄。除两件铜器上的错金难以估算外，此墓的黄金用量总计约 8430 克，且含金量都比较高。这决不是偶然的。它和此墓青铜器品类多、用铜量大一样，反映了我国春秋、战国时期冶金生产的发展水平。从科学技术发展史的角度来考察，其制作和加工已采用了模铸、锤锻、拉拔、镶嵌、粘贴等多种工艺，而且技艺相当成熟。黄金，具有极好的延展性。此墓出土的金箔，就是利用这一特性经锤锻而成的。经武汉大学物理系进行金相组织分析，多边形晶粒内有生长孪晶，而且晶粒界平直，说明是经过退火处理的。因此，有的金箔厚度只有0.003 毫米，而且保持了一定的韧性，所以压印的花纹极为繁缛精细。同样，金弹簧和金缕玉璜上的金丝，也是利用了黄金极好的延展性，采用拉拔工艺制成。有的金丝直径仅 0.2 毫米，也有一定韧性。嵌错技术更是令人惊叹。两千多字的错金铭文，历经两千多年，且长期浸泡在水中，却很少有笔画脱落，几乎是每个字都金光闪闪。鹿角立鹤和磬架的错金花纹，其纹理比发丝还细，可见其技艺何等精湛。金器皿和铜器一样，采用了泥模铸造，制模、浇铸都十分精细，尤其讲究造型的美。例如，金盏的造型端庄凝重，构思巧妙。其圆圈钮用四柱支架，似腾空而出的光环；三条腿塑成倒立的凤首，犹如三凤托盘，给人以美的享受。又如，金漏勺的圆形勺窝中间镂一小圆孔，两侧对称镂两个变形龙纹，恰似二龙嬉珠。这些都反映了当时铸造工艺极高的水平。

黄金的开采和冶炼在我国始于何时？源于何地？这是我国考古学、冶金学、自然科技史领域正在探讨的问题。

由于金（Au）在自然界大都以游离状态存在，也就是不与其它物质化合而单独存在，故而有了所谓的"自然金"。这种存在于地球表面矿脉中的自然金，有的呈粒状，有的呈块状，常被洪水冲涮出来，以致人们在地表和河床中有时能发现金块和金粒。正因为如此，马克思曾说："金实际上是人类发现的第一种金属。"（《马克思恩格斯全集》第 13 卷第 145 页）公元前 3000 年，埃及人已知采集金、银来制成饰物[26]。在我国，据史籍记载，商以前就已知有黄金并用做珍贵的贡品，如《尚书·禹贡》有"厥贡惟金三品"之句。在考古发掘中，商代黄金饰物屡有出土。例如，河南郑州商代二里岗期上层墓葬内曾出土金叶制成的夔龙纹装饰品[27]，河北藁城台西商代墓葬出土的漆器上贴有金箔[28]，在安阳殷墟、辉县琉璃阁的殷代墓葬中均发现有金叶，琉璃阁第 141 号墓所出金叶重达 50 余克[29]。这些都是迄今我国已发现的最早的一批黄金制品，足以证明我国至迟在商代已能用黄金制作装饰品了。不过，由于发现的材料不多，且只是饰物而非器皿，一般认为是用采集的自然金熔解加工而来。

随着考古事业的发展，安徽、江苏、河南、湖北等地均有春秋、战国时代楚国金币出土。尤其是近三十年来，河南、安徽等地更发现了大批楚国金币。例如，1974 年 8 月，河南扶沟古城村一次出土金币三百九十二块，重达 8183.3 克[30]。1986 年 2 月，安徽寿县双桥区东津乡一次出土郢爰二十八块，无印迹金币十块，共重 10055 克[31]。学术界在研究黄金铸币在我国发生和发展史的同时，对我国古代黄金开采和冶炼的历史也进行了研究。一般认为我国黄金铸币源于楚国，始于春秋晚期[32]，并认定当时楚国境内盛产黄金。史籍中亦有不少记载，如《禹贡》"厥贡惟金三品"的两个地区（荆州、扬州），都在楚国疆域之内。又如，《战国策·楚策三》云："黄金、珠玑、犀象出于楚。"当时的楚人能否冶炼黄金呢?论者意见不一。有的学者认为楚国的这些黄金主要是自然金,楚只知用淘洗法从砂金矿中提取[33]。有的学者持不同看法,认为黄金最初作为统治阶级装饰品多一点少一点均可,靠从地表获得自然金也是可能的,"但要成为通货,情况就不同了,因为这首先需要一定的量"。"在这种情况下,人们去开采一些浅层金矿是必然的。即使是从河沙中淘取的金粒和得自地表的金块,也要经过熔化,并铸成一定的货币形状。没有一定的设备和技术,是既炼不出黄金,也铸不成金块的"[34]。随县曾侯乙墓大量黄金制品的出土,为后一种看法提供了有力的佐证。曾国的疆域紧靠楚疆,曾楚关系十分密切。到曾侯乙时,曾国已是楚国的附庸。一个墓葬内出土的黄金制品数量如此之多,份量如此之重,这说明曾国的黄金拥有量已达到了一定程度,只靠偶然获得的自然金,看来是不可能的。何况在众多的制品中,还有多种形态的实用器皿呢!这些器皿不将黄金熔化和模铸是不可能成器的。因此,有人认为,至迟在春秋、战国时代的楚国及其附庸国曾国,已掌握了黄金开采和冶炼的技术。当然,这还是一家之言,尚需更多的考古实物来证明,才能作出更为可靠的结论。

(三)车马兵器

曾侯乙墓所处的春秋、战国时代,是中国古代历史上一个社会大动荡、大变革的时代。周室衰微,诸侯割据,列国争霸,征战频繁。各诸侯国为取得战争的胜利,竞相制造车马兵器,从而促使这一领域的科学技术得到了迅速的提高。此墓出土的众多兵器、车马器及记载葬仪车马兵甲的竹简（遣策），都生动地反映出这一点。在此墓出土的一万五千余件随葬品中，兵器、车马器占了三分之一，不仅包括各类兵器，而且有不少前所未见的创新品种。这在我国东周考古发掘史上是罕见的，为我国古代军事科学技术史的研究提供了一批珍贵的新资料。

1. 兵器制造技术的发展与进步

此墓出土兵器有这样几个鲜明的特点：一是品多量大。进攻性的格斗兵器有戈、矛、殳、戟；进攻性的远射兵器有弓、矢、簇；防御性的护体兵器有盾、甲、胄。古籍所载车兵的五种兵器与步兵的五种兵器无所不有。其总计达数千件。二是竿长刃锋杀伤力大。进攻性兵器多系长杆，一般都在 3 米以上，且有长达 4.3 米者。器首的锐利程度，令人难以想像。三是成龙配套。有进攻性的、防御性的；有车战的、步战的；有骑士的、徒步的。如何配备，竹简遣策上还有着明确的记载。这些都是我国兵器史上的首次发现。

进攻性格斗兵器中的新品种有锐殳、双戈或三戈相结合的戟。锐殳的锋利不仅是殳头像三棱刮刀，而且三面有刃，刃薄如纸，三面都有血槽。一旦被刺中，性命难保。殳首下杆的前端还有刺球或箍球，刺球上的尖刺多达数十个，在行刺的同时还可以砸击。既是"刺兵"，又是"击兵"。过去只知戈矛结合是戟，此墓出土铭文的戟中有双戈、三戈结合在一起的，有双戈、三戈与矛结合在一起的。显然，它比单戈或单纯的戈矛结合有所改进，杀伤力得以提高。

在进攻性格斗兵器中，长杆者居多是此墓兵器的重要特点。其所以要杆长，是为了利于车战。但是，长杆是否实用、耐用、不折、不断，这是军事技术上的一大难题。经实地解剖，此墓长杆兵器大多数为积竹木柲。其制作技法系取木杆为中芯，截面多呈八棱形（亦有呈圆扁形者），外面包八根等长的篾青片，再用丝线缠缚，然后髹漆。这种将木、竹、丝、漆多种材料复合而成的积竹柄，较充分地发挥了各种材料自身的优点，从而形成了优良的使用性能：（1）棱形或扁圆形的木棍有一定的强度和硬度，形成杆的中心，能保证出击时运用自如。（2）篾青竹片韧性和弹性好，弥补了木棍韧性、弹性差和容易折断的缺陷。（3）丝线缠绕使木棍、篾片紧密结合形成整体，使两者的长处结合于一器。（4）外层髹漆，既起到了使前三者粘合紧密，增加复合性，同时又能防潮防腐，延长柲的使用寿命。这样处理过的材料，成为一种复合材料。它集各种材料的优点于一身，比单纯的竹、木柄或金属柄都优越，完全能适合于车战的远距离厮杀，是我国先秦时代兵器制造技术的一大创举[35]。

　　进攻性远射兵器中的镞，有三棱形、双翼形、方锥形、圆锥形四种形态，共十七种不同式样。以三棱形镞数量最多，达四千三百一十八件，占总数的95.81%。在这种镞中有倒刺的为四千二百一十五件，占总数的93.65%。每枝镞约有倒刺三、六、九个不等。有九个倒刺的，过去少见。显然，它们是这个时代军事技术进步的产物。与镞配套使用的弓和矢，也都有不少革新与创造。弓共出土五十五件。除一件（N78）是小圆木杆弯成，可能为舞器而非实用兵器外，其余皆用木片叠成。其制作方法是取弹性、韧性较好的刺槐木，将它裁成竹片状，然后用多块木片（一般为三片）叠合组成。其中两块特别长并有一定弧度，一端平齐较厚，另一端较薄。较薄的一端，在弓的中部叠合，叠合处弧度外侧，另加一块短木片（即弓弣，人手所持之处），再用丝线缠绕，髹上黑漆。经过如此加工后的材料，集木、丝、漆的优点于一身，也是一种复合材料。弓的两端弧度内，皆有角质弓弭，底部与弓端平齐贴于弓上。出土时弦已不在。从实物的检测看，弦应该是装在与弓弧度相反的一面，这样才具有较强的弹力，在中部加弓弣也是为了达到这个目的。这种用复合材料制成的弓，显然比单一材料制作的优越得多。这也是军事技术的一种革新与进步。

此墓出土兵器中的防护装具主要有甲胄和盾。甲胄包括人甲胄与马甲胄。其数量之多，前所未见。可惜，因墓内常年积水，甲胄编织绳索已断，完整成形者未见，大多数甲胄片散落于椁室。幸亏现场发掘时除将漂浮于水面的捞起外，成堆沉于椁底的在作完现场科学记录后，保持原貌，和盘托出，转入室内细心清理。在中国社会科学院考古研究所技术室的专家学者的指导与参与下，有关人员对此作了清理、复原和仿制的研究。除清理出完整程度不同的人甲十三件、马甲二件，获得了大批甲胄史的资料外，还复原仿制了一套人甲胄和一顶马胄。首次查明了制作甲胄的工艺流程，获得了关于东周甲胄的珍贵科研资料。

这批甲胄均为皮胎髹漆组编而成。经过皮革科研机构的检测鉴定，认为"皮为生皮，尚未加工成革"[36]。其制作技艺，在《考工记》"函人为甲"条中有过较详细的记载。可惜，多少年来，因未见实物留传于世，对此众说纷纭，莫衷一是。曾侯乙墓大批皮甲胄资料的出土及学者们对其所作的研究，使人们较为明确地知道了当时的制作技术与工艺流程[37]。其过程大体如下：（1）塑形。《考工记》"函人为甲"条："凡为甲，必先为容。"郑玄注："服者之形，容也。""容"，应指拟设计制作甲胄的样式。因此，作甲的第一步当是按着甲人的形体塑出甲的形状，故称塑形。(2)翻范。按照塑形的不同甲片，翻制成泥范。(3)作模。以范为据，制成金属模具。每副模具由数块甲片合成。大体有三种：双合模具，形体较简单的裙甲身片以两块模片组成；三合模具，如胄顶梁片，用两块外模片和一块内模片结合组成；四合模具，如马胄模具，用三块外模片和一块内模片组成，外模片以马前额、鼻梁为一块，左右两颊各一块。(4)裁料。依据甲片的大小形态，对革料（一般为半熟革）进行选料粗裁。其大小尺寸应略大于塑形片，留出加工余量。(5)模压。将粗裁的甲片浸入水中使其潮湿松软，再将它置于模盒内，适当加压使其成形。由于甲胄大小形状的不同，所用模具也不一样。以Ⅲ号人甲（带胄）为例，其模具数如下：胄，十八幅，压成十八片；身，十四幅，压成二十三片；裙，四幅，压成五十六片；袖，五幅，压成一百零四片。(6)整修。待皮甲片在模具内干燥定型后，开模取出，修去毛边，使其规整。(7)打孔。在其边沿合适处打孔，以备穿连。(8)髹漆。至少四道。有的还要推光、彩绘。(9)组编。用系带按原设计将甲片的边沿孔穿连组装成件。人甲胄、马甲胄的制作大体如此。从安阳殷墟发现的皮甲是用整片组成，到此墓皮甲先裁制成合适的甲片，然后编缀成所需的皮甲，工序之规范，制作之精良，髹漆、彩绘之绚丽，确实反映了战国时期军事科技上的巨大进步。

盾，古代的一种板状防护器具。原始形态的盾较简陋，多用木制，或用藤条编制。湖北境内东周墓出土的盾，有皮胎髹漆的，也有木胎髹漆的。曾侯乙墓出土的盾，共四十九件，多为皮胎，但它将皮、木、漆、金属结合于一体，用复合材料制成，也是极为少见的。盾面为皮胎，外髹黑漆，背面用优质木材为柄。柄长同于盾面之长，上下贯穿于盾背，中部有把手。盾背面中部向下，左右有两两相对、相距仅2～3厘米的九排双圆眼，用线绳从这九排双圆眼内缠缚，使盾柄与盾牌牢固结合。盾面髹黑漆并磨光彩绘。盾面或盾柄两边附有数量不等的铅锡环饰，环上贴有金箔。

2．车马器制造技术的改进与提高

此墓还出土了大量车马器，总数达一千一百二十七件。除小件车马饰外，还有许多重要品种，其中不乏创新之作。特别值得一提的是，铜车軎的铸造。不仅品种多，铸造精，而且有的是矛状车軎。这是军事技术上的一个创造。车軎，本是车上的部件，安在车轴上用来管住车轮的。此墓出土车軎共七十六件，可以推断有三十八辆车。

矛状车軎，是在车軎外端加铸连弧刃的矛。显然是为了加强战车的陷阵能力。战车上加装刀刃在远古的中国极为少见，迄今最早的发现是在陕西户县宋村的春秋墓中。《淮南子·氾沦训》中称这种加刀刃的车为"销车"。其文曰："连弩以射，销车以斗。"高诱注："销车，以刃著左右。"从此墓出土的两件矛状车軎配置来看，它分属两辆车，与高诱所注不一致。它不是装在一辆车的左右轴上，似为装在两辆车的车轴上，以便左右配合使用。在世界古代史上，使用刀轮战车的记载较多。如小居鲁士（Cyrus theyounger）在公元前401年利用希腊雇佣兵，远征其波斯王兄阿尔塔泽西斯（Artaxerxes）二世和著名的 高格米拉会战（Battleof Gaugamela，公元前331年）中，波斯王大流士(Darius)与亚历山大(Alexandri)大帝作

图五六　青铜矛状车𩨳

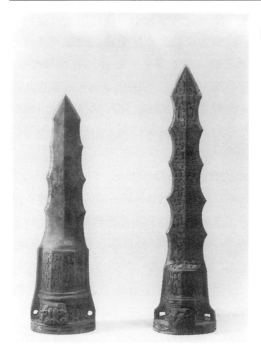

战，都用了两百辆刀轮战车并配以马甲、长杆矛攻击对方。后来，叙利亚王安提阿（Antiochus）在马格尼西亚的会战（Battleof Magnesia，公元前 198～前 191 年）中，也使用刀轮战车与罗马人交战。按照色诺芬（Xenophon）的描述，波斯人的刀轮车的刀刃是从轮中轴两端向旁伸出，正与曾侯乙墓矛状车𩨳同制。由此可见，古代东方使用战车刀轮的技术源远流长[38]。此墓两件矛状车𩨳的出土，表明曾侯乙时的战车制作与车战技术处在世界的前列（图五六）。

　　此墓还出土了一些车舆、车伞、车器零件和马饰等，惜因墓坑常年积水，车舆、车伞大多已散架，未能得以复原。

3．竹简遣策反映的战车与车战

曾侯乙墓出土竹简二百四十枚，其中有字简二百一十五枚，共计六千九百九十六字。从内容看，这些竹简为记载参加葬仪的车马兵甲的遣策。通过它们，可以从一个侧面了解到这一时期战争的某些情况，对于研究我国古代兵器史、战争史有重要的学术价值。

这些遣策所载参加葬仪的车马兵甲，有车四十三乘、马二百零五匹、弓三十七张、矢一千一百件、戟二十一件（包括四十七件戟头）、戈四十四件、殳七件、晋杸九件、人甲六十四副、马甲八十六副等[39]。这里所记数字与此墓出土实物有较大差距。究其原因如下：（1）简有残缺，统计自然不会很精确；（2）葬仪车马兵器不一定全部入葬；（3）入葬者不一定都埋在墓椁内。按此墓的规模和等级，墓坑外应有陪葬车马坑，但因发掘前墓地已遭严重破坏，墓坑附近曾有车马兵器发现，但未经发掘，详情不明，留下难以挽回的遗憾。竹简所记这些车马兵甲，有曾国王室自备的，也有王（当指楚王）、太子、令尹、鲁阳公、阳城君、平夜君、𫑡君等馈赠的。

已有学者作过研究，竹简所记车名有四十多种，是历年来大型古墓中记载车名最多的，其中不少为文献所未载。这四十多种车名中，战车至少有二十一种之多，明显多于其它用途的车乘。在曾侯乙的时代，战车的种类和数量是衡量国家强盛与否的重要标志。先秦时期，"国之大事，在祀与戎"。祭祀与战争的频繁，极大地促进了车制的发展。曾侯乙墓随葬车的规格不一，名目繁多，正是当时礼制严格、战争频繁、国力强盛的体现[40]。

从竹简的记载中，人们还可以看到当年车战的某些情况。车战是自殷商至春秋、战国时的主要作战方式。古籍对此多有记载。将竹简遣策中的记载结合出土实物来考察,不难看出此时战车本身及车上所装备的武器,较之殷商、西周,已有明显的改进与发展。除了前述二十一种战车名称中不少是前所未见的,关于车上武器装备的记载也有许多是前所不知的。如简39、41记载:柘骃驾御的一辆名叫右襠殿(殿后之车)的车上,装有红色的车轮(朕轮)、遮蔽车箱的竹席(弼)、轮(车具)二件、虎皮做的弓韔(装弓的囊)一件、鱼皮做的箭箙一件、豹皮做的箭箙三件、秦弓二件,箭五十支、承载兵器和旌旗的木栏二件、三戈戟一件、其上系旗的杸一件、画有花纹的盾二件、戈二件以及鞙(系于马腹的皮带)、鞅(系于马颈的皮带)、靭(绅)、鞍辔等车马具。简136还记载此车(右襠殿)上有人甲胄三幅、马甲胄一幅,并有彩画。从这里可知,车阵中右边殿后的车装配有如此多的车马兵器和甲胄,比其它文献所载"车之五兵"要多得多。这当然是国力强盛、军事技术大发展的一种反映。

竹简中还有关于战车队列阵形的记载。例如,简120、121,裘锡圭考证认为它们是简1—119号所记之车的总计简。总计简的"广车十乘又二乘",则包括有关各简所记的以下各车:"大旆"一乘、"左旆"二乘、"右旆"二乘、"大殿"一乘、"左殿"二乘、"右殿"二乘,"乘广"一乘、"少广"一乘。旆、殿等车是根据它们在车队(阵)中的方位而定名的,广车则是兵车的一个共名,所以旆、殿等车亦可统称为广车[41]。笔者认为,这些车名的由来,除了表示在车队中的方位,还是其功能的反映。如"乘广",《左传·宣公十二年》:"王(楚王)见右广将从之乘,屈荡尸(阻止)之曰:君以此始,亦必以终。自是楚之乘广先左。"由此可见,"乘广"当为主将之车，在队列中必居中列之左。"少"，在古籍中常为"辅佐"之意。楚国官制中有少集尹、少工佐，分别为集尹、工佐的副职。据此，简文的"少广"可解释为副将之车，亦当为《左传·宣公十二年》中楚王始见的右广之车。其位置当与乘广并列而居右。"旆"和"殿"是相对的。《左传》杜预注云："旆，先驱车也"（襄公二年），"大殿，后军"（襄公二十三年）。由此可见，"旆"当为前驱之车，列"乘广"、"少广"之前。"大旆"居中，左右各为"左旆"二乘、"右旆"二乘。"殿"当为殿后之车，列"乘广"、"少广"之后。"大殿"居中，左右各为"左殿"二乘、"右殿"二乘。古者车战，必有一定的阵式。根据战车本身的特点及在战场上的作用，通常采用横列阵式作战[42]。这里竹简所记"广车十乘又二乘"，正好是一个车战的队列阵式，用现代语言来说，正好构成一个方阵。再联系此墓竹简所记各车马匹、驭者及兵甲的装配来看，各车皆配有人甲胄三幅、马甲胄四幅。据此可知，每车至少由三人四马来驾驶。车上的武器也是齐全的。进攻性的远射兵器有弓、矢、箭、镞，格斗兵器有戈、矛、殳、戟，防护器具有甲、胄、盾。结合有关的文献记载，每乘战车之后，还有固定数目的徒兵相随。一般是一乘车十名，也有少至七名，甚至多达七十二名的（《汉书·刑法志》）。

屈原《楚辞·国殇》就生动地描写了这种车战的悲壮情景：操吴戈兮被犀甲，（盾牌手里拿，身披犀牛甲。）车错毂兮短兵接。（敌我车轮两交错，刀剑相砍杀。）旌蔽日兮敌若云，（战旗一片遮了天，敌兵仿佛云连绵。）矢交坠兮士争先。（你箭来，我箭往，恐后争先，谁也不相让。）凌余阵兮躐余行，（阵势冲破乱了行，）左骖殪兮右刃伤。（车上四马，一死一受

伤。）霾两轮兮繫四马，（埋了两车轮，不解马头缰。）援玉桴
兮击鸣鼓。（擂得战鼓咚咚响。）天时坠兮威灵怒，（天昏地暗，
鬼哭神号。）严杀尽兮弃原野。（片甲不留，死在疆场上。）[43]
读着这悲壮的诗篇和竹简里的行行记载，再看看墓中出土的车
马兵甲实物，我国古代激烈车战的情景，不是历历在目吗？

（四）　纺　　织

曾侯乙墓由于墓坑长期积水，丝麻纺织品多已腐烂，没有
完整件出土。已收集到的二百三十四件残品，尚未炭化，有些
还是我国考古史上第一次见到的品种。它们为研究战国早期的
纺织品，提供了宝贵的实物资料。人们据此可以了解当年丝麻
生产及纺织技术的情况。

1. 养蚕、缫丝、纺麻技术的新发展

中国的养蚕、缫丝、纺麻有着悠久的历史。浙江吴兴钱山
漾新石器时代遗址中，就出土了 4700 年前的绢片、丝线、丝
带、麻片和细麻绳，绢片是缫后织的家蚕丝织物[44]。经夏、
商、周的发展，到了战国早期，由于桑、蚕品种的不断改良和
养蚕技术的不断提高，使丝纤维的截面面积有所增加。曾侯乙
墓出土的各种丝织品，经显微镜鉴定，都是桑蚕丝。其纤维平
均截面面积在 60~124 平方微米之间。钱山漾出土的绢片的纤
维平均截面面积为 40 平方微米，河北藁城商代遗址、河南安
阳殷墟遗址出土的丝纤维截面面积为 50.6 平方微米。显然，
到曾侯乙时的丝纤维截面面积增加了 1~2 倍[45]。

经对此墓 E·143—2 号纱袋深棕色纱的显微切片分析，呈
桑蚕丝的纯三角形截面，经丝截面面积为 100 平方微米，单茧

丝为十五根，纬丝截面面积为 93.88 平方微米，单茧丝为二十根。弹簧器中弦线的纤维截面面积达到 134.24 平方微米，每根茧丝的纯三角形截面比较均匀，差异较小，说明当时已注意蚕茧的选用以及缫丝的质量。

2．丝麻混纺技术的发明

曾侯乙墓首次发现了丝麻交织物，即 E·143—2 号深棕色纱袋。其纱都是丝麻交织的，经线有丝线也有麻线，纬线全是丝线。经对纱袋中的麻做纤维切片检测，确定主要是苎麻纤维，亦夹有大麻纤维。麻纤维的成熟参差不齐。麻线较粗，投影宽度为 0.2 毫米。丝线较细，投影宽度为 0.1～0.15 毫米。麻丝经线均有拈度，拈向为 S 拈。织物的厚度为 0.27～0.39 毫米。其经密在 27～34 根/厘米，纬密在 24～28 根/厘米。由于经线中有丝麻线相间排列，且直径有粗细，故织物表面有条状效果。这种丝麻混纺织物，在我国是迄今所见的最早的实物，也可以说是世界上最早的丝麻混纺织品。自从有了混纺，也就可以纺织出各种不同的织物，为人们提供更多更丰富的衣料。

3．单层暗花锦及龙纹绣品的发现

在曾侯乙墓二百三十四件丝麻织品残片中，可以见到纱、绢、锦、绣等多品种织物。其中首次发现了一种用夹纬使经线显出暗花的单层几何织锦。这一发现对商绮、周锦以及汉锦织造工艺的探索，有着十分重要的意义。

在众多残片中，一件龙纹绣残片十分引人注意。其花纹是卷曲的龙纹，线条流畅活泼，针脚整齐均匀。虽然绣线已完全脱落，但针眼仍十分清楚。从针脚上分析，是采用锁绣（辫子股）法做成。这种锁绣针法绣成的图案，立体感很强。这件绣品的地帛是深棕色绢，质地紧密，表面有明显的畦纹，经密为

96 根/厘米，纬密为 24 根/厘米，经丝的投影宽度为 0.15 毫米，纬丝的投影宽度为 0.2 毫米。在深棕色绢地上绣出如此琦丽的龙纹图案，充分显示了曾国绣品所达到的艺术水平。

（五）　琉璃珠与"玻璃之路"的探讨

1. 曾侯乙墓琉璃珠来源的讨论

在曾侯乙墓墓主内棺出土的大量金、玉、石、陶、料器中，有琉璃珠一百七十三颗，全为蜻蜓眼式珠。珠直径 0.7～2.3 厘米。珠体虽小，但色彩斑斓（图五七）。这种蜻蜓眼式琉璃珠在西方出土的实物的年代较中国早，因此，长期以来，对我国的这种琉璃珠从何而来，进而对古代的玻璃制品的起

图五七　五彩琉璃珠

源，学术界争论不已。

中国科学院地质研究所陶克捷、张培善对此墓琉璃制品作了检测鉴定，认为其中 E·C·11：240 号琉璃珠是人工合成的。从偏光显微照片上看，几乎是非晶态，偶尔可见结晶态。它的化学成分，含 SiO_2 为 56.01％，CaO 为 4.07％，Na_2O 为 6.99％。X 射线衍射有四条线条，也说明它有局部结晶态。它不致密，有气孔。化学全分析总数为 80.68，说明有部分有机质。从化学成分上看，除 SiO_2 外，就是钙（Ca）和钠（Na）为主，几乎不含钡（Ba）和铅（Pb）。阿拉伯产的料器，钙（Ca）和钠（Na）是其主要成分。中国产的料器则以钡（Ba）和铅（Pb）为主要成分。因此，他们认为这些料器是来自阿拉伯一带而非国产[46]。

湖北省文物考古研究所研究员后德俊认为这一看法值得商榷。他说："从化学成分看，编号为 E·C·11：240 号的绿色料珠可能是我国自己生产的。"其理由有三点：

（1）E·C·11：240 号料珠的化学成分中，Na_2O 的含量仅为 6.99％，比一般西方早期玻璃中 Na_2O 的含量要低；CaO 的含量也只有 4.07％，同样比较低。同时它还含有 2.60％的 K_2O 和 2.80％的氧化铅，与西方早期的钠钙玻璃的化学成分差别明显。我国早期玻璃中含有钠、钙的例子已有发现。

（2）《淮南子·览冥训》中多次提到"随侯之珠"；东汉王充《论衡·率性》中也有"随侯以药作珠，精耀如真"，"道人消炼五石，作五色之玉"的记载。据研究，"曾"即"随"，曾侯也就是随侯。出土一百多颗琉璃珠的曾侯乙墓的主人也就是一位"随侯"，与文献中关于"随侯之珠"、"随侯以药作珠"的记载是十分吻合的。

（3）曾侯乙墓中除了一百多颗琉璃珠，还有紫晶珠、陶珠。其中陶珠三十八颗，与琉璃珠一起出于内棺。编号为E·C·11：276—2号的陶珠，绿色，灰白胎，火候较高。肉眼观察，可见其烧结致密，似已瓷化，比一般的氟昂斯珠（氟昂斯是一种外观上和原料上与玻璃相似的物质。氟昂斯珠用石英砂掺合少量的碱水塑制烧成，表面的石英砂熔合形成一薄层光亮的釉，但由于石英颗粒仍保持结晶状态）结实得多。珠中间"品"字形排列着三个湖蓝色的凸圆点，已玻璃化。该珠当为楚地制造的产品，并具有较简单的"蜻蜓眼"形式[47]。

湖北省文物考古研究所研究员梁柱亦持此种观点。他在《巧夺天工的金器与玉器》一文中论述此墓琉璃珠时说：这种蜻蜓眼式琉璃珠与西方古代的蜻蜓眼式琉璃珠相似，但西方出土的实物年代较中国早，如巴比伦出土的琉璃珠年代可上推至公元前2700年。因此，长久以来，学者均以为中国的琉璃珠是西来之物，而非国产。近年，因长沙、陕西等地陆续出土琉璃饰物，才引起学者的讨论与争议。曾侯乙墓出土的大批琉璃珠，更初步证实中国古代确实可能有玻璃生产，技术上可上溯至商代[48]。

另有一种见解认为，同是蜻蜓眼式琉璃珠，固始侯古堆出土的为钠钙玻璃，而曾侯乙墓的却非钠钙玻璃。因此，"属于钠钙玻璃者很可能为西亚传入，属于铅钡玻璃和含钾玻璃者是楚人依照传入的'标本'所作的复制品"。这是湖北省社科院研究员刘玉堂的看法[49]。湖北省社科院研究员张正明针对楚墓出土的蜻蜓眼式琉璃珠，作了如此解释："西方的玻璃珠曾几经转手传到中国南部来，恰好遇上喜爱新奇的楚人，楚人就利用自己原有的技术来仿造西方的玻璃珠了。"[50]

目前，这一问题尚在探索之中，还有待于更多的考古实物来作证。

2．"玻璃之路"的探讨

后德俊在《楚国的矿冶髹漆和玻璃制造》一书中力主曾侯乙墓出土琉璃珠为本地产品，并认为楚人至迟在春秋中期前后已经掌握了采用石英砂为主要原料制造石英珠的技术。后来又发展了这种技术，制造出了具有本身特点的真正的玻璃器物（即铅钡玻璃）。到了公元前5～前4世纪玻璃生产得到进一步发展。所以能如此兴起，西方玻璃的传入是主要原因。他提出：中西之间有一条"玻璃之路"。这条"玻璃之路"有两条主要通道：第一条通道是西方玻璃制品首先是通过商业贸易传到印度等南亚地区，再通过民间的来往辗转地通过我国云南等地区传到楚地；第二条通道是西方的玻璃制品首先传到印度等地，然后通过东南亚一些地区，如马来半岛、越南等地，再传到我国南方的两广等地区，进而到达楚地。

张正明、刘玉堂在其专著中，以曾侯乙墓出土一百七十三颗琉璃珠为据，认为"蜻蜓眼"的装饰纹样与中国传统的装饰风格异趣，无疑是从西方来的，是真正从西方进口的。他们进而指出："以前研究中西文化交流的滥觞，往往从丝绸的西传入手，其实，应该从玻璃的东传入手才好。""古代'蜻蜓眼'玻璃珠的分布地带，大致是从地中海沿岸经西亚转南亚和东南亚至东亚。中西文化交流的通道，早在公元前6世纪的后期就存在了。这条通道谓之'丝绸之路'固可，谓之'玻璃之路'亦可，谓之'丝绸与玻璃之路'则更妥。"[51]

笔者认为学者们在这里提出了一些很有意思的见解，一个很新鲜的命题，对于研究中西文化交流史有着重要的意义，有待人们去作进一步的探索。从目前所掌握的中外考古资料来看,虽然前面几位学者已经画出了这条"玻璃之路"或"丝绸与玻璃之路"的初步蓝图,但究竟资料不是很多,因而也就使人难以作出确凿的评说,只好暂时存疑了。

注　释

[1]《中国大百科全书·天文学》第 6 页、229 页,中国大百科全书出版社 1980 年版。

[2] 邵望平《远古文明的火花——陶尊上的文字》,《文物》1978 年第 9 期。

[3] 刘信芳《曾侯乙墓衣箱礼俗试探》,《考古》1992 年第 10 期。

[4]《中国大百科全书·天文学》第 83 页,中国大百科全书出版社 1980 年版。

[5] 张闻玉《释曾侯乙墓天文图像之"斗"》,《中国文物报》1989 年 4 月 14 日第 3 版。

[6] 黄建中、张镇九、陶丹《擂鼓墩一号墓天文图像考论》,《华中师范学院学报》1982 年第 4 期。

[7]《中国大百科全书·天文学》第 281~282 页,中国大百科全书出版社 1980 年版。

[8] 王健民、梁柱、王胜利《曾侯乙墓出土的二十八宿青龙白虎图像》,《文物》1979 年第 7 期

[9] 程贞一、席泽宗、饶宗颐《曾侯乙编钟时代之前中国与巴比伦音律和天文学的比较研究》,《曾侯乙编钟研究》,湖北人民出版社 1992 年版。

[10] 夏鼐《从宣化辽墓的星图论二十八宿和黄道十二宫》,《考古学报》1976 年第 2 期。

[11] 冯时《河南濮阳西水坡 45 号墓的天文学研究》,《文物》1990 年第 3 期。

[12] 李东生《中国古代天文历法》,北京科学技术出版社 1995 年版。

[13] 饶宗颐《曾侯乙墓漆器上二十文释——论古乐理与天文之关系》,《随县曾侯乙墓钟磬铭辞研究》,香港中文大学出版社 1985 年版。

[14] 清·杜文澜辑《古谣谚》,中华书局 1958 年版。

[15] 梁·沈约《宋书·符瑞志》,中华书局 1974 年版。

[16] 王晖《从曾侯乙墓箱盖漆文的星象释作为农历岁首标志的"农祥晨正"》,

《考古与文物》1994 年第 2 期。

[17]《国语》（上）第 15 页，上海古籍出版社 1978 年版。

[18] 后德俊《楚国科学技术史稿》第 21 页，湖北科学技术出版社 1990 年版。

[19] 殷玮璋《铜绿山古矿冶遗址》，《中国大百科全书·考古学》第 533 页，中国大百科全书出版社 1986 年版。

[20] 后德俊《楚国的矿冶髹漆和玻璃制造》第 71 页，湖北教育出版社 1995 年版。

[21]《钟祥县志》第 776 页，湖北人民出版社 1990 年版。

[22] 贾云福、胡才彬、华觉明《曾侯乙青铜器红铜纹饰铸镶法的研究》，《中国冶铸史论集》，文物出版社 1986 年版。

[23] 中国机械工程学会铸造学会传统精铸工艺鉴定会《曾侯乙墓青铜尊盘铸造工艺的鉴定》（1979 年 6 月 28 日），《曾侯乙墓》第 646 页，文物出版社 1989 年版。

[24] 华觉明《失蜡法在中国的起源和发展》，《中国冶铸史论集》第 236 页，文物出版社 1986 年版。

[25] 估算方法大致是按文字笔划的长度、宽度、深度，求出其体积，乘以 90% 的金的比重，得出一个字的用金量。从两千多个字中按笔划多少，字体大小，分类提出并计算，取平均值，再乘以总字数，就得到了总的用金量。

[26]《贵金属冶金学》第 2 页，冶金工业出版社 1985 年版。

[27] 河南省博物馆、郑州市博物馆《郑州商代城遗址发掘报告》，《文物资料丛刊》第一集。

[28]《新中国的考古发现与研究》第 237 页，文物出版社 1984 年版。

[29]《1953 年安阳大司空村发掘报告》，《考古学报》第 9 册，1955 年。《辉县发掘报告》，科学出版社 1956 年版。

[30] 河南省博物馆、扶沟县文化馆《河南古城村出土的楚金银币》，《文物》1980 年第 10 期。

[31] 寿县博物馆许璞《寿县出土楚金币一万余克》，安徽省考古学会、安徽省文物考古研究所《考古简讯》1986 年第 2 期。

[32] 肖清《战国时期黄金的流通——楚"郢爰"金版》，《中国古代货币史》第二章第四节，人民出版社 1984 年版。

[33] 后德俊《楚人的采金方法》，《江汉论坛》1985 年第 3 期。

[34] 赵德馨《楚国金属货币的币材》，《江汉论坛》1984 年第 2 期。

[35] 后德俊《楚国科学技术史稿》第 172 页，湖北科学技术出版社 1990 年版。

［36］天津市皮革技术研究所《曾侯乙墓出土皮甲胄皮质的鉴定》，《曾侯乙墓·附录一九》，文物出版社 1989 年版。

［37］中国社会科学院考古研究所技术室白荣金、王振江等《试论东周时代皮甲胄的制作技术》，《考古》1984 年第 12 期。

［38］舒之梅、王纪潮《曾侯乙墓的发现与研究》，《鸿禧文物·湖北先秦文化论集》，台北鸿禧艺术文物基金会 1997 年版。

［39］《曾侯乙墓》第 456 页，文物出版社 1989 年版。

［40］肖圣中《略论曾侯乙墓遣策中的车马制度》，《鸿禧文物·湖北先秦文化论集》，台北鸿禧艺术文物基金会 1997 年版。

［41］裘锡圭、李家浩《曾侯乙墓竹简释文与考释》注 179，《曾侯乙墓》第 521 页，文物出版社 1989 年版。

［42］杨泓《战车与车战》，《中国古代兵器论丛》，文物出版社 1985 年版。

［43］郭沫若《屈原赋今译》，人民文学出版社 1953 年版。

［44］中国农业科学院蚕丝研究所周匡明《钱山漾残绢片出土的启示》，《文物》1980 年第 1 期。

［45］上海纺织科学研究院高汉玉、屠恒贤、徐金娣《曾侯乙墓出土的丝织品和刺绣》，《曾侯乙墓》第 660 页，文物出版社 1989 年版。

［46］陶克捷、张培善《曾侯乙墓部分玉器、料器的鉴定》，《曾侯乙墓》第 657 页，文物出版社 1989 年版。

［47］后德俊《楚国的矿冶髹漆和玻璃制造》第 287 页，湖北教育出版社 1995 年版。

［48］梁柱《巧夺天工的金器与玉器》，《中国考古文物之美（5）·湖北随县曾侯乙墓》，文物出版社、台湾光复书局 1994 年版。

［49］刘玉堂《楚国经济史》第 246 页，湖北教育出版社 1995 年版。

［50］张正明《楚文化史》第 209 页，上海人民出版社 1987 年版。

［51］张正明、刘玉堂《湖北通史·先秦卷》第 464～466 页，华中师范大学出版社 1999 年版。

七

结束语

（一）曾侯乙墓的发现，是 20 世纪中国文物与考古领域的重大事件之一。它以规模庞大，形制特殊，出土文物丰富多彩，历史、艺术、科学价值极高，为世界所瞩目。它的发掘、保护和研究，是中国共产党领导下，中国政府、中国人民解放军和广大科学工作者通力合作，保护祖国文化遗产的杰出范例。

（二）曾侯乙墓的发掘，是 20 世纪中国考古学研究的壮举之一。广大科学专家、文物考古工作者为此付出了艰辛的劳动。通过科学的工作方法和多学科的协作攻关，获得了丰富的田野考古资料，各项研究不断取得成果。这些都为深入进行科学研究奠定了坚实的基础。

（三）由于曾侯乙墓出土文物的学术底蕴极为深厚，二十余年来的科学研究中又不断提出了许多新的课题，有些迄今还未能得到圆满解决。期望在新的世纪、新的岁月里，获得更多新的成果。

参 考 文 献

专著（含部分专业书籍）

1. 湖北省博物馆编著《曾侯乙墓》（中国田野考古报告集），文物出版社1989年版。

2. 湖北省博物馆编《随县曾侯乙墓》（文物图录），文物出版社出版1980年版。

3. 湖北省博物馆编著《曾侯乙墓文物艺术》，湖北美术出版社1992年版。

4. 湖北省博物馆编著《曾侯乙墓文物珍赏》，湖北美术出版社1995年版。

5. 湖北省博物馆编著《中国考古文物之美（5）·湖北随县曾侯乙墓》，文物出版社、台北光复书局1994年版。

6. 中国艺术研究院音乐研究所、湖北省博物馆编著《中国音乐文物大系·湖北卷·曾侯乙墓专辑》，大象出版社1996年版。

7. 中国社会科学院考古研究所编《曾侯乙墓编钟铭文》（《殷周金文集成》第一册抽印本），中华书局1988年版。

8. 饶宗颐、曾宪通著《随县曾侯乙墓钟磬铭辞研究》，香港中文大学出版社1985年版。

9. 崔宪著《曾侯乙编钟钟铭校释及其律学研究》，人民音乐出版社1997年版。

10. 郭德维著《藏满瑰宝的地宫·曾侯乙墓综览》，文物出版社1991年版。

文 集

11. 湖北省博物馆编《随县曾侯乙墓发掘简报与论文汇编》，文物出版社 1979 年版。

12.《音乐研究》编辑部编《音乐研究·随县出土音乐文物专辑》，人民音乐出版社 1981 年版。

13. 湖北省博物馆曾侯乙编钟复制研究组编印《曾侯乙编钟的复制研究》，1984 年印行。

14.《中国古代科学文化国际交流·曾侯乙编钟专题学术讨论会论文专辑》，《黄钟》（武汉音乐学院学报）编辑部 1988 年编辑出版。

15. 湖北省博物馆、美国圣迭戈加州大学、湖北省对外文化交流协会编《曾侯乙编钟研究》，湖北人民出版社 1992 年版。

报刊文章（以发表时间先后为序）

16. 湖北省擂鼓墩一号墓考古发掘队《我国文物考古工作的又一重大收获——随县擂鼓墩一号墓出土一批珍贵文物》，《光明日报》1978 年 9 月 3 日第三版。

17.《随县擂鼓墩发掘战国早期大墓》，《湖北日报》1978 年 9 月 8 日第三版。

18. 谭维四、舒之梅《随县擂鼓墩一号墓发掘的主要收获》，《湖北日报》1978 年 10 月 3 日第三版。

19. 李学勤《曾国之谜》，《光明日报》1978 年 10 月 4 日。

20. 谭维四等《随县曾侯乙墓发掘的主要收获》，《中国考古学会第一次年会论文集》，文物出版社 1979 年版。

21. 汤池《精湛的技术，奇玮的造型——评随县曾侯乙墓出土的青铜器》，《中国美术》1979 年第 1 期。

22. 黄翔鹏《两千四百年前的一座地下音乐宝库》，《文艺研究》1979 年第 1 期。

23. 于豪亮《为什么随县出土曾侯墓》，《古文字研究》（第一辑），中华书局 1979 年版。

24．石泉《古代曾国——随国地望初探》，《武汉大学学报》（社科版）1979 年第 1 期。

25．黄翔鹏《释"楚商"——从曾侯钟的调式研究管窥楚文化问题》，《文艺研究》1979 年第 2 期。

26．曾昭岷、李瑾《随县擂鼓墩一号墓年代、国别问题刍议》，《武汉师范学院学报》1979 年第 4 期。

27．黄翔鹏《古代音乐光辉创造的见证——曾侯乙大墓古乐器见闻》，《人民音乐》1979 年第 4 期。

28．湖北省博物馆等《湖北随县擂鼓墩一号墓皮甲胄的清理和复原》，《考古》1979 年第 6 期。

29．李传锋《地下乐宫漫步》，《长江文艺》1979 年第 10 期。

30．郭德维《随县曾侯乙墓的年代——与曾昭岷、李瑾同志商榷》，《武汉师范学院学报》1980 年第 1—2 期合刊本。

31．曾昭岷、李瑾《曾国和曾国铜器综考》，《江汉考古》1980 年第 1 期。

32．郭德维《曾侯乙墓并非楚墓》，《江汉论坛》1980 年第 1 期。

33．顾铁符《随县曾侯乙墓无隧解》，《考古与文物》1980 年第 1 期。

34．李学勤《再论曾国之谜》，《文物》1980 年第 1 期。

35．顾铁符《随县战国墓几件文物器名商榷》，《中国文物》1980 年第 2 期。

36．谭维四等《湖北随县曾侯乙墓出土文物展览》，《中国历史博物馆馆刊》1980 年第 2 期。

37．张振兴《关于钟虡铜人的探讨》，《中国历史博物馆馆刊》1980 年第 2 期。

38．祝建华、汤池《曾侯墓漆画初探》，《美术研究》1980 年第 2 期。

39．程欣人《古殳浅说》，《江汉考古》1980 年第 2 期。

40．李园园（美）《音乐学——曾侯钟的音乐》，《中国音乐》1980 年第 3 期。

41.杨宽、钱林书《曾国之谜试探》,《复旦大学学报》(社科版)1980年第3期。

42.陈通、郑大瑞《古代编钟的声学特性》,《声学学报》1980年第3期。

43.周永珍《曾国与曾国铜器》,《考古》1980年第5期。

44.戴念祖《古代编钟发音的物理特性》,《百科知识》1980年第8期。

45.黄文宗《曾侯乙墓文物》》《明报月刊》(香港)1980年12月。

46.顾铁符《从随县曾侯乙墓看封建制度下的杀殉问题》,《江汉考古》1981年第1期。

47.周春生《曾侯乙墓出土鱼骨的初步研究》,《江汉考古》1981年第1期。

48.郭德维《曾侯乙墓中漆匫上日、月和伏羲、女娲图像试释》,《江汉考古》1981年第1期。

49.徐雪仙等《随县曾侯乙墓复制编磬音程初探》,《武汉物理所集刊》1981年第1期。

50.《我国先秦时期已使用七声音阶》,《人民日报》1981年2月9日第四版。

51.华觉明、贾云福《曾侯乙尊、盘和失蜡法的起源与嬗变》,《自然辩证法通讯》1981年第3期。

52.饶宗颐《说"竟重""重夜君"与"重皇"》,《文物》1981年第5期。

53.方酉生《有关曾侯乙墓的几个问题》,《武汉大学学报》(社科版)1981年第6期。

54.顾铁符《随国、曾侯的秘奥》,《楚文化新探》,湖北人民出版社1981年版。

55.舒之梅、刘彬徽《论汉东曾国为土著姬姓随国》,《江汉论坛》1982年第1期。

56.曾昭岷、李瑾《随县擂墓断代补论——兼答郭德维君》,《武汉师院学报》1982 年第 2 期。

57．黄翔鹏《先秦编钟音阶结构的断代研究》，《江汉考古》1982 年第 2 期。

58．黄建中等《擂鼓墩一号墓天文图像考论》，《华中师范学院学报》1982 年第 4 期。

59．舒之梅、刘彬徽《从近几年出土曾器看楚文化对曾的影响》，《楚史研究专辑》第 1 期，《武汉师范学院学报》编辑部 1982 年编印。

60．丁炳昌、樊云芳《我国古代编钟具有完整的十二乐音体系》，《光明日报》1982 年 12 月 25 日。

61．《中国古乐器编钟能奏出贝多芬第九交响乐——〈欢乐颂〉的旋律》，新华社新闻稿 1982 年 12 月 27 日。

62．《曾侯乙编钟是中华民族的光荣和骄傲》，《湖北日报》1983 年 10 月 10 日第一版。

63．李成渝《曾侯乙编磬的初步研究》，《音乐研究》1983 年第 1 期。

64．后德俊《从冰（温）酒器看楚人用冰》，《江汉考古》1983 年第 1 期第 79 页。

65．黄翔鹏《古钟磬的新诞生（上）、（下）》，《湖北日报》1983 年 1 月 21 日、1983 年 1 月 31 日第四版。

66．冯光生《珍奇的"夏后启得乐图"》，《江汉考古》1983 年第 1 期。

67．李纯一《曾侯乙编磬铭文初研》，《音乐艺术》1983 年第 1 期。

68．关洪野《千年金声留遗响，请君侧耳听楚商——古乐器曾侯乙编钟介绍》，《南方日报》1983 年 1 月 29 日。

69．丁炳昌、樊云芳《曾侯乙编钟已制成部分复制品，成功再现千年古声》，《光明日报》1983 年 1 月 10 日。

70．华觉明、贾云福《先秦编钟设计制作的探讨》，《中国冶铸史论集》，文物出版社 1986 年版。

71．徐雪仙等《编磬音高的计算》，《声学进展》1983 年第 2 期。

72．钟辉《曾侯乙编钟复制研究成果鉴定会述要》，《江汉考古》

1983 年第 2 期。

73．陈通、郑大瑞《椭圆截锥的弯曲振动和编钟》，《声学学报》1983 年第 3 期。

74．黄翔鹏《钟磬复制的研究成果》，《人民音乐》1983 年第 3 期。

75．黄翔鹏《音乐考古学在民族音乐形态研究中的作用》，《人民音乐》1983 年第 8 期。

76．《曾侯乙墓的"地下音乐厅"被搬上舞台》，《光明日报》1983 年 8 月 8 日。

77．曾侯乙编钟复制研究组《曾侯乙编钟复制研究中的科学技术工作》，《文物》1983 年第 8 期。

78．饶宗颐《曾侯乙墓匫器漆书文字初释》，《古文字研究》（第十辑），中华书局 1983 年版。

79．华觉明《华夏金声冶铸技高——从曾侯乙编钟看我国古代冶铸技术》，《人民日报》1983 年 12 月 26 日。

80．李成渝《磬笱编列辩证》，《中央音乐学院学报》1984 年第 3 期。

81．钱伯泉《关于曾侯乙墓楚镈铭文考释的商榷——兼谈曾侯乙墓的绝对年代》，《江汉考古》1984 年第 4 期。

82．湖北省博物馆、中国科学院武汉物理研究所《战国曾侯乙编磬的复原及相关问题的研究》，《文物》1984 年第 5 期。

83．童忠良《曾侯乙编钟的三度音系兼论中西乐律若干问题的比较》，《人民音乐》1984 年第 5、6 期。

84．李学勤《曾侯戈小考》，《江汉考古》1984 年第 4 期。

85．郭德维《戈戟之再辨》，《考古》1984 年第 6 期。

86．汪惠迪《稀世之珍——中国出土文物》，《联合早报》（新加坡）1985 年 1 月 20 日。

87．陈宝《古代音乐文化的瑰宝》，《华人月刊》（香港）1985 年第 1 期。

88．李纯一《曾侯乙墓编钟的编次和乐悬》，《音乐研究》1985 年第 2 期。

89．王人聪（香港中文大学）《关于曾侯乙墓的年代》，《江汉考古》1985 年第 2 期。

90．杨建芳（香港中文大学）《战国玉龙佩分期研究——兼论随县曾侯乙墓年代》，《江汉考古》1985 年第 2 期。

91．时学颜（香港大学）《有关曾国遗物所表现的文化性质》，《江汉考古》1985 年第 3 期。

92．张光裕（香港中文大学）《曾侯乙墓出土鼎钩的启示》，《江汉考古》1985 年第 3 期。

93．饶宗颐《曾侯乙墓编钟与中国古代文化》，《大公报》（香港）1985 年 4 月。

94．陈振裕、梁柱《试论曾国与曾楚关系》，《考古与文物》1985 年第 6 期。

95．刘先枚《春秋战国时期人殉制度的演变——兼论曾侯乙墓的年代》，《江汉论坛》1985 年第 8 期。

96．谭维四、白绍芝《浅论曾侯乙墓的黄金制品》，《江汉考古》1986 年第 3 期。

97．冯时《曾侯乙编钟的所谓"变宫"问题》，《考古》1986 年第 7 期。

98．曾宪通《关于曾侯乙编钟铭文的释读问题》，《古文字研究》（第十四辑），中华书局 1986 年版。

99．李先登《曾国铜器的初步分析》，《中国历史博物馆馆刊》1986 年第 9 期。

100．刘彬徽《曾侯乙墓青铜礼器初步研究》，《湖北省考古学会论文选集》（一），1987 年。

101．修海林《曾侯乙编钟六阳律的三度定律及其音阶形态》，《中国音乐》1988 年第 1 期。

102．饶宗颐《曾侯乙钟律与巴比伦天文学》，《音乐艺术》1988 年第 2 期。

103．何浩《从曾器看随史》，《江汉考古》1988 年第 3 期。

104．童忠良《曾侯乙钟铭乐理释要》，《乐理大全》，长江文艺出版社1988年版。

105．本刊记者《编钟国际学术交流活动述评》，《黄钟》（武汉音乐学院学报）1989年第1期。

106．应有勤、孙克仁《曾侯乙编磬"间音"新解与编列研究》，《中国音乐学》1989年第4期。

107．王子初《纪念曾侯乙编钟出土十周年国际学术会议在武汉召开》，《中国音乐年鉴·1989》，文化艺术出版社1989年版。

108．童忠良《曾侯乙编钟乐律与楚文化》，湖北文联理论研究室《文艺之窗》1989年第13期。

109．张闻玉《释曾侯乙墓天文图像之"斗"》，《中国文物报》1989年4月14日第三版。

110．李学勤《论擂鼓墩尊盘的性质》，《江汉考古》1989年第4期。

111．郭德维《曾侯乙墓墓主内棺花纹图案略析》，《江汉考古》1989年第2期。

112．秦序《先秦编钟"双音"规律的发现与研究》，《中国音乐学》1990年第3期。

113．田海峰《有关曾侯乙编钟的几个问题》，《文博》1990年第3期。

114．杨宝成《试论曾国铜器的分期》，《中原文物》1991年第4期。

115．天虹《曾侯乙墓出土车舌"销"字补正》，《江汉考古》1991年第1期。

116．李天虹《曾字图徽考》，《江汉考古》1991年第4期。

117．祝建华《楚俗探秘——鹿角立鹤、鹿鼓、虎座鸟架鼓考》，《江汉考古》1991年第4期。

118．张昌平《曾国铜器的分期及其相关问题》，《江汉考古》1992年第3期。

119．刘信芳《曾侯乙墓衣箱礼俗试探》，《考古》1992年第10期。

120．谭维四《曾侯乙编钟东行纪胜》，《艺术与时代》1992年第4

期。

121. 谭维四《曾侯乙编钟所见先秦列国文化交流》，《中国考古学会第七次年会论文集》，文物出版社出版 1992 年版。

122. 王纪潮《曾侯乙墓——远东文明第二摇篮的发现》，《大地地理杂志》（台北）1992 年 12 月号。

123. 刘森淼《曾侯乙墓玉器并非典型楚玉——与杨立新先生商榷》，《江汉考古》1992 年第 2 期。

124. 戴念祖《中国、希腊和巴比伦：古代东西方的乐律传播问题》，《中国音乐学》1993 年第 1 期。

125. 张闻玉《曾侯乙墓天文图像"甲寅三日"之解释》，《江汉考古》1993 年第 3 期。

126. 谭白明《曾侯乙墓弋射用器初探——关于曾侯乙墓出土金属弹簧与"案座纺锤形器"的考释》，《文物》1993 年第 6 期。

127. 谭维四《乐宫探秘——曾侯乙墓发掘纪实》，《中国文物报》1993 年 8 月 8 日第 31 期～11 月 28 日第 46 期连载。

128. 谭白明《曾侯乙编钟并非楚国制造》，《江汉考古》1994 年第 3 期。

129. 王晖《从曾侯乙墓箱盖漆文的星象释作为农历岁首标志的"农祥晨正"》，《考古与文物》1994 年第 2 期。

130. 崔宪《曾侯乙编钟律学研究》，《中国音乐学》1994 年第 1 期。

131. 张昌平《曾国为缯——随说》，《江汉考古》1994 年第 4 期。

132. 谭维四《湖北随县曾侯乙墓发掘记》，《中国著名古墓发掘记》，台湾联经出版事业公司 1995 年版。

133.《发现地下乐宫——访谭维四先生谈曾侯乙墓发掘过程》，《大地地理杂志·世界博物馆巡礼》（台北）1995 年 10 月号。

134. 张吟午《走器小考》，《江汉考古》1995 年第 3 期。

135. 李学勤《中国艺术史的珍贵发现》，《曾侯乙墓文物艺术》再版导言，湖北美术出版社 1996 年版。

136. 王朝闻《先秦艺术　再现辉煌》，《曾侯乙墓文物艺术》再版导言，湖北美术出版社 1996 年版。

　　137．童忠良《论曾侯乙编钟的对称乐学》，《音乐学文集——武汉音乐学院音乐学系建系 10 周年特辑》，炎黄书社 1996 年版。

　　138．吴郁芳《"曾侯乙"与"随国"考》，《江汉考古》1996 年第 4 期。

　　139．童忠良《古编钟的和鸣与天地人的交响——析谭盾〈交响曲1997：天、地、人〉的编钟乐》，《黄钟》1997 年第 2 期。

　　140．谢丽丽《编钟的演奏技法及音色组合》《黄钟》1997 年第 2 期第 8 页。

　　141．舒之梅、王纪潮《曾侯乙墓的发现与研究》，《鸿禧文物》（台北）1997 年 12 月第 2 期。

　　142．冯光生《曾侯乙编钟文化属性分析》，《鸿禧文物》（台北）1997 年 12 月第 2 期。

　　143．肖圣中《略论曾侯乙墓遣策中的车马制度》，《鸿禧文物》（台北）1997 年 12 月第 2 期。

　　144．刘蜀鄂等《编钟：展示昨天的灿烂和今天的辉煌》，《湖北日报》1998 年 6 月 6 日第八版。

　　145．谭维四《编钟研究 20 年》，《湖北日报》1998 年 6 月 6 日第八版。

　　146．谭维四《外国首脑与曾侯乙编钟》，《长江日报》1998 年 6 月13 日第十版。

　　147．谭维四《解放军与曾侯乙编钟的故事》《解放军报》1998 年 8月 17 日第七版。

　　148．史新民《曾侯乙编钟五音顺序中道的意涵》，《黄钟》1998 年第 3 期。

　　149．应有勤《曾侯乙编磬的悬法与旋宫》，《黄钟》１９９８年第 3 期。

　　150．郑荣达《曾侯乙编钟复制的音律定位研究》，《黄钟》1998 年第 3 期。

151. 蒋无间《曾侯乙墓出土古笙音位排列复原研究》,《黄钟》1998年第 3 期。

152. 谭白明《曾侯乙墓舞器考》,《黄钟》1998 年第 3 期。

153. 杨匡民《曾钟音列结构与长江音乐文化区》,《黄钟》1998 年第 3 期。

154. 谭维四《钟磬和鸣当惊世界殊——曾侯乙墓发掘追忆》,《收藏》1999 年 3～5 月第 75、76、77 期连载。

155.《上下八千年的中华咏叹调——访中国编钟乐团艺术指导童忠良教授》,《欧洲日报》(法) 1999 年 9 月 9 日～13 日。

156. 韩宝强等《曾侯乙编钟音高再测量兼及测音工作规范问题》,《中国音乐学》1999 年第 3 期。

157. 肖圣中《曾侯乙墓遣策中的𤕟车乘𤕟和𤕟轩》,《江汉考古》1999 年第 1 期。

158. 王世民、蒋定穗《最近十多年来编钟的发现与研究》,《黄钟》1999 年第 3 期。

外文资料
(西文索引)

159. 陈芳妹：1987. "The stylistic development of Shang and Zhou bronze bell". In style in the East Asian tradition, Colloquies on Art and Archaeology in Asia. No. 14. London.

160. David S. Nivison：1989. "The Origin of the Chinese Lunar Logdge System." In World Archaeoastronomy. ed. Anthony F. Aveni：Cambride University Press.

161. DeWoskin. Kennth J.(杜志豪)：1982. "A song for one or two：Music and the concept of art in early China." Ann Arbor：University of Michigan Center for Chinese Studies.

162. DeWoskin. Kennth J.(杜志豪)：1983. "Early Chinese music and the origins of aesthetic terminology." In Theories of the art in China

Princeton University Press.

163. Jessica Rawson. 1996. ed. "Mysteries of Ancient China, New Discoveries from the Early Dynasties. British Museum press.

164. Lehr, Ardrè, 1988. "The tuning of the bells of Marquis Yi." Acustica 67.

165. Lother , von Falkenhousen (罗泰): 1988. Ritual music in Bronze Age Cjina: An archaeological Perspective. Ph. D. diss. , Harvard University. Ann Arbor. Mich,: University Microfilims.

166. Lother, von Falkenhousen (罗泰): 1989. "Niuzhong chime - bells of Eastern Zhou China." Arts Asiatiques 44.

167. Lother, von Falkenhousen (罗泰): 1991. "Chu Ritural Music." In Thomas Lawton, ed." New Perspectives on Chu Culture during the Eastern Zhou Period." Princeton University Press.

168. Lother, von Falkenhousen (罗泰): 1993. Suspended Music. University of California Press.

169. McClain, E. G: 1985. "Some personal observations of Chinese bells with special attention to interiors." Manuscript.

170. Price, Sir Percival: 1983. Bells and man. Oxford: Oxford University Press.

171. Rossing, Thomas D. 1986. "Acoustics of oriental gongs and bells" Paper read at the 112th meeting of the Acoustical Society of America. Anaheim. Calif. Dec. 8 - 12.

172. Rossing, Thomas D. , Cott Hampton, Bernard E. Richardson, H. John Sathoff, and André Lehr. 1988. "Vibrational modes of Chinese two - tone bells." Journal of the Acoustical Society of America 83 (I).

173. Schneider, Albrecht, and Hartmut Stoltz. 1988. "Notes on the acoustics of ancient Chinese bell chimes." In The archaeology of early music cultures: Third in ternational meeting of the ICTM Study Group on Music Archaeology. Orpheus: Schriftenreihe zu Grundfragen der Musik. Vol. 51.

Bonn：Verlag für systematische Musikwissenschaft.

174. 苏芳淑：1995. Eastern Zhou Ritual Bronzes from the Arthur M. Sakler Collections, Washington. D. C.

175. Thorp, Robert L. 1981 – 82. "The Sui Xian tomb：Re - thingking the fifth century." Artibus Asia 43.

176. Thote, Alain：1991, "The Double coffin of Lei Gudun Tomb No. 1：Iconograhpic Gources and Related Problem. In Thomas Lawtion, ed." New Perspectives on Chu Culture during the Eastern Zhou Period." Princeton University Press.

177. 程贞一：1996. Early Chinese Work in Natural Science. Hong Kong University Press.

（日文索引）

178.「曽侯乙墓について」
宇都木　章（青山学院大学文学部）1984 年

179.「曽侯乙墓の时代」
江村治樹「特別展・曽侯乙墓」26 - 30 页東京国立博物館、日本経済新聞社 1992 年

180.「曽侯乙墓の漆工芸」
西岡康宏「特別展・曽侯乙墓」31 - 39 页 東京国立博物館、日本経済新聞社 1992 年

181.「曽侯乙墓出土の青銅器」
高浜　秀、谷豊信「特別展・曽侯乙墓」40 - 45 页 東京国立博物館、日本経済新聞社 1992 年

182.「曽侯乙墓編鐘の歴史的意義」
平勢隆郎「特別展・曽侯乙墓」46 - 49 页 東京国立博物館、日本経済新聞社 1992 年

183.「曽侯乙墓の神話世界」
稲畑耕一郎「特別展・曽侯乙墓」46 - 49 页 東京国立博物館、日本経済新聞社 1992 年

184．「漆で描かれた神秘の世界——湖北省出土品を中心に見た中国古代の漆器」谷　豊信　「漆で描かれた神秘の世界——中国古代漆器展」東京国立博物館 1998 年

后　　记

　　应《20世纪中国文物考古发现与研究丛书》编辑委员会之约，此书终于脱稿了。二十余年前，笔者作为湖北省博物馆的一名文物考古工作者，有幸主持了此墓的考古发掘，目睹了这批珍贵文化遗产的面世。在本书的写作过程中，遵照编委会提出的写作要求，力图尽可能全面而又有重点地突出这一重大考古发现及其研究成果。虽然笔者作了很大努力，但终因学识有限，加上干扰甚多，完稿之后自己读来亦觉不够满意。所幸得到编委会同仁的删改与加工，终能付梓问世了。

　　在写作过程中，得到湖北省文化厅、湖北省文物局、湖北省博物馆的许多支持与帮助。书中插图多采自湖北省博物馆编撰的《曾侯乙墓》考古报告及有关专著。原图亦多为省博物馆研究员吴嘉麟、省文物考古研究所副研究员胡志华所绘。照片（含彩照）由省博物馆副研究员潘炳元、研究员郝勤俭等同志提供。照片摄制除署名者外亦多为潘炳元所摄，恕未一一标明。书稿完成后，承湖北省博物馆研究员舒之梅阅读了全文，研究员冯光生、研究员王纪潮阅读了有关章节。他们都提出了很好的修改意见，我已参照作了修改。当此书完稿之际，谨向关心、支持和帮助我的所有同志致以深深地谢意！

最后，我还要特别感谢我的夫人白绍芝。她也是亲自参加此墓田野发掘与整理研究工作的湖北省博物馆副研究员。在本书的写作过程中，她不仅亲自校稿、排图，还默默地承担了全部家务劳作，尽力在时间上给我以支持。此书能够出版，她功不可没。

谭维四

2001 年 8 月于武昌

图书在版编目（CIP）数据

曾侯乙墓/谭维四著. --北京：文物出版社，2001.9
（2023.9重印）
（20世纪中国文物考古发现与研究丛书）
ISBN 978-7-5010-1292-3

Ⅰ.曾… Ⅱ.谭… Ⅲ.陵墓-研究-随州市-战国时
Ⅳ.K878.8

中国版本图书馆CIP数据核字（2001）第046449号

20世纪中国文物考古发现与研究丛书

曾侯乙墓

著　　　者　谭维四

封面设计　张希广
责任印制　张道奇
责任编辑　周　成
出版发行　文物出版社
社　　址　北京市东城区东直门内北小街2号楼
网　　址　http://www.wenwu.com
印　　刷　文物出版社印刷厂有限公司
开　　本　850mm×1168mm　　1/32
印　　张　7.625
版　　次　2001年9月第1版
印　　次　2023年9月第5次印刷
书　　号　ISBN 978-7-5010-1292-3
定　　价　40.00元

本书版权独家所有，非经授权，不得复制翻印